REINER STRUNK

EINER FÄLLT DEN BAUM

REINER STRUNK

EINER FÄLLT DEN BAUM

EIN KIRCHENKRIMI

neukirchener
aussaat

MIX
Papier aus verantwortungsvollen Quellen
FSC® C083411

Dieses Buch wurde auf FSC®-zertifiziertem Papier gedruckt.
FSC (Forest Stewardship Council®) ist eine nichtstaatliche, gemeinnützige Organisation, die sich für eine ökologische und sozialverantwortliche Nutzung der Wälder unserer Erde einsetzt.

Bibliografische Information der Deutschen Nationalbibliothek

Die Deutsche Nationalbibliothek verzeichnet diese Publikation in der Deutschen Nationalbibliografie; detaillierte bibliografische Daten sind im Internet über http://dnb.d-nb.de abrufbar.

Umschlaggestaltung: Andreas Sonnhüter, www.sonnhueter.com,
unter Verwendung der Bilder von arka38, Daboost, Vaida, givaga
© shutterstock.com
Lektorat: Dr. Susanne Roll, Neuenkirchen-Vörden
DTP: Breklumer Print-Service, breklumer-print-service.com
Verwendete Schrift: Adobe Garamond Pro, Futura
Gesamtherstellung: cpi books, Ebner & Spiegel, Ulm
Printed in Germany
ISBN 978-3-7615-6361-8 Print
ISBN 978-3-7615-6362-5 E-Book

www.neukirchener-verlage.de

MITTWOCH, 22. MÄRZ 2000

Erst mal wieder liegen, sachte. Mit einem Kissen im Rücken. – Beermann war ziemlich verbiestert aufgewacht, weil er sich im Traum mit der lateinischen Abiturklausur abgequält hatte, einer immer wieder nächtlich sich einstellenden Tortur, bei der ihm alle Vokabeln aus dem Gedächtnis schwanden und die Grammatik der Sätze ein Rätsel blieb. Er setzte sich kopfschüttelnd auf die Bettkante und angelte mit den Zehen nach seinen Hausschlappen, stieg hinein, setzte in der Küche Wasser auf für den Morgenkaffee und trottete ins Bad. Dort bediente er den Lichtschalter, obwohl ihm bekannt sein musste, dass die Birne seit Tagen defekt war. Eine neue zu kaufen, hatte er vergessen, und im Haushaltsdepot für Glühbirnen, das Bettina verwaltete, war auch nichts vorhanden gewesen. Da musste eben die Lampe im Flur reichen bei geöffneter Tür zum Badezimmer.

Beermann kletterte in die Duschwanne, übersah bei der spärlichen Beleuchtung, dass der Wannenboden seifig war von der letzten Nutzung, drehte den Wasserhahn auf und glitt bei der ersten Bewegung aus, sodass er haltlos auf dem Gesäß landete. Der Schmerz schoss vom Steiß über den Rücken bis unter die Schädeldecke und sprühte ihm glitzernde Funken vor die Augen.

Irgendwann war er so weit, sich aufzurappeln und die rauschende Dusche, die sich bloß noch kalt über ihn ergoss, abzustellen. Nackt und nass schlurfte er über die Fliesen. Ein

Handtuch war im Augenblick nicht greifbar, aber auch nicht vonnöten. Beide Hände in die Hüften gestemmt, arbeitete er sich vor in die Küche. Der Wasserkessel hatte gekocht bis zum Überlaufen und war inzwischen zum Stillstand gekommen. Vielleicht war er hin. Beermann registrierte es mit Gleichmut, er hatte nur sein Bett im Kopf und erreichte es unter Stöhnen, setzte sich, überlegte, wie die Prozedur des Hinlegens am glimpflichsten zu bewältigen sei, ließ sich auf den Rücken sinken, vollzog eine Vierteldrehung, indem er die Beine anhob und die Bettdecke über seinen tropfnassen Leib zog.

Erst mal wieder liegen!

Ihm kam in den Sinn, dass statistisch besehen die meisten Unfälle im Haushalt passierten – oder im Garten. Die Leute fielen serienweise von Leitern, stürzten sich in Gartenscheren, verbrühten sich an heißen Dämpfen oder Laugen. Ihm selber war kürzlich noch das Gemüsemesser mit seiner tödlichen Klinge aus der Hand gerutscht und Zentimeter neben seinem Fuß in den Boden gefahren. Was hatte das alte Patriarchat bloß angestellt, als es die Frauen in die Risikozonen des Haushalts verbannte? Die Hausfrauen mussten sich allen Gefahren aussetzen und die Männer entzogen sich, weil sie außerhalb angeblich dringend gebraucht wurden.

Jetzt hatte er den gesamten Haushalt für sich – Keller und Garten inklusive. Aber die Menschenleere gefiel ihm nicht. Bettina war ausgezogen, mit einem Rollkoffer als Reisegepäck, den Rest hatte sie zurückgelassen. Ich brauche Abstand, hatte sie erklärt. Über Scheidung war nicht geredet worden, noch nicht, aber eine Trennung stand bevor. Und dann war sie gegangen. Punktgenau am Morgen des Neujahrstages. Bettina liebte Gelegenheiten und Szenen mit Bedeutungsaura. Zu Neujahr ein Neubeginn! Beermann hatte geknurrt, das habe sie feinsinnig eingefädelt, ihren Abflug exakt von der Startlinie zum Heiligen Jahr zu nehmen, das der Papst feierlich eingeläutet hatte. Grüß Gott, Heiliges Jahr, und ade, Heilige Ehe! – Was an der Ehe heilig sein sollte, sei ihr überhaupt nie in den Kopf gegangen, hatte sie erwidert. Heilige Ehe, nun ja, das könnte in ihrem Fall sogar noch verständlich sein, weil sie doch mehr mit einem geistlichen Amt als mit einem Mann verheiratet sei. Da hätten die Katholiken mit ihrem priesterlichen Zwangszölibat am Ende die ehrlichere Lösung gefunden.

Beermann empfand einmal mehr, dass er Bettina vermisste. Nicht allein wegen der Haushaltsführung, die im Argen lag seit Neujahr. Auch wegen ihrer Stimme, der spitzen Bemerkungen, des unvergleichlich duftenden Haars. Er war nicht zum Einsiedler geboren und zum ausrangierten Ehemann schon gar nicht. Er tat sich leid.

Das Telefon auf dem Nachttisch läutete, und er zögerte zu reagieren. Aber es war das Haustelefon, das nur vom Pfarrbüro aus bedient werden konnte. Da musste er reagieren. Als er sich ächzend auf die Seite gewälzt und den Hörer in die Hand genommen hatte, sprudelte die Sekretärin gleich los.

„Du bist also doch zu Hause und nicht unterwegs. Weißt du, wie spät es ist? In einer Viertelstunde beginnt dein Unterricht in der Schule, kriegst du das geschafft?"

„Ich liege im Bett", brummte Beermann.

„Im Bett?", wunderte sich die Sekretärin. „Es ist halb zehn, Helmut, hast du verpennt?"

„Nein, bin verunglückt."

„Verunglückt? In deiner Wohnung?"

„Die meisten Unfälle geschehen in der Wohnung", belehrte Beermann, „aber es geht bald wieder. Komme gleich runter. Nur die Schule, die sag besser ab für heute."

Eine knappe Stunde später erschien er im Pfarrbüro.

„Na, du siehst aber wirklich angeschlagen aus", empfing ihn die Sekretärin, „und deinen Kamm hast du anscheinend auch ruiniert bei deinem Missgeschick, oder?"

Beermann winkte ab und ließ sich mit greisenhafter Umständlichkeit auf den Besucherstuhl nieder. Sein schwarzes, mit grauen Fäden durchwirktes Haupthaar, dessen Locken schon lange keinem Friseur mehr untergekommen waren, stand in Wirbeln nach allen Seiten ab. Über dem karierten Hemd, das seitlich aus verwaschenen Jeans heraushing, trug er die häusliche grüne Strickjacke, die nach Bettinas Anweisung höchstens in der Privatwohnung, keinesfalls aber in den Amtszimmern zu verwenden war. Beermann schaute trüb und wartete auf Mitleid.

Die Sekretärin Sibylle Brotbeck zeigte sich nicht näher interessiert an den Umständen seines Sturzes, sondern traktierte ihn sofort mit den Fälligkeiten des Tages. Die Schule war erledigt, aber nicht das Krisengespräch mit der Kindergartenleitung und der Termin im Baudezernat sowie dringende Briefe. „Außerdem will dich Frau Krohn sprechen!"

Frau Krohn war der menschliche Treibriemen, den es in jedem Verein und in jeder Gemeinde gibt. Immer in Bewegung, immer auf hohen Touren, angestrengt tätig für die Abläufe im Betrieb und anstrengend für alle in ihrer Umgebung. Sie hatte gerade den Päckchenversand für eine afrikanische Missionsstation über die Bühne gebracht und organisierte jetzt den bevorstehenden Flohmarkt. Dazu hortete sie Überflüssiges aus vielerlei Quellen in einem Gruppenraum des Gemeindezentrums und taxierte täglich die möglichen Erlöse. „Sie hat einen besonderen Fund gemacht, den sie dir zeigen will", lächelte Sibylle Brotbeck. Und bevor Beermann Einspruch erheben und die Sache abwenden konnte, war die Telefonverbindung zum

Gemeindehaus hergestellt. „Frau Krohn ist schon unterwegs“, war die Auskunft.

Minuten später stand sie in der Tür, atemlos und rot gefleckt im Gesicht vor Aufregung: „Denket Se, Herr Pfarrer, i henn do ebbes gfonde uff'm Bode, des wär was für de Flohmarkt!“

Beermann hörte mit halber Aufmerksamkeit hin. Er war mit sich und seinen Rückenschmerzen beschäftigt. Vielleicht sollte er im Bad nachschauen, ob er eine Salbe fand zum Einreiben. Aber wie dann? Bettina war nicht zur Hand, um ihn hinterrücks zu salben, und Sibylle Brotbeck konnte er nicht gut bitten. Wahrscheinlich würde sie sich nicht mal verweigern. Und nachher die pikante Szene der halben Gemeinde erzählen.

Zwischen seinen Abschweifungen nahm er zur Kenntnis, dass Frau Krohn sich auf den großen Kirchenspeicher begeben hatte, um nach geeigneten Stücken für den Flohmarkt Ausschau zu halten. Da läge ja eine Menge Zeug herum, das meiste unbrauchbarer ‚Kruscht'. Aber manches sei eben doch interessant. Eine alte Vase zum Beispiel mit buntem Blumenmuster. Oder eine antiquarische Schreibmaschine. Den Volltreffer aber habe sie zum Schluss gelandet, etwas ganz Besonderes, versteckt hinter Kisten und einer alten Schrankrückwand.

Beermann fürchtete sofort Verwicklungen. Er selbst hatte nie die Lust verspürt, über den staubigen Kirchenspeicher zu kriechen und Gerümpel zu sortieren, das sich dort seit Generationen angesammelt hatte. Aber er wusste von Kollegen, die es anders hielten. Einige gruben sich mit archäologischem Ehrgeiz durch den Kirchenmüll in düsteren Kellern und auf verwinkelten Bühnen und förderten gelegentlich sogar Bemerkenswertes zutage: das Bruchstück einer barocken Kanzel, einen wertvollen frühen Bibeldruck, eine geschnitzte

Truhe aus der spätmittelalterlichen Sakristei oder ein vergessenes silbernes Abendmahlsgerät. Doch dann fingen die Verwicklungen an. Der Fund war zu prüfen, sein Wert zu taxieren, seine Herkunft zu ermitteln, Berichte zu verfassen, Zuständigkeiten zu klären: eine Horrorvorstellung.

„Kommet Se, Herr Pfarrer“, rief Frau Krohn, „i zeig Ihne den Fund, drübe im Gemeindehaus.“

„Geht jetzt nicht“, erklärte Beermann, „ich sitze hier, weil ich nicht gut stehen und noch weniger gut laufen kann im Moment. Hexenschuss. Bedaure.“

„Net schlimm!“, winkte Frau Krohn ab, ohne eine Spur ihrer Begeisterung einzubüßen. „I brings her, bin glei wieder do!“

Sie brachte ein Bild, lehnte es an den Aktenschrank und präsentierte es mit Stolz:

„Sehet Se, e wunderbars Bild – oder net? I henns in em Sack gfonde, ganz verstaubt, no henn ichs scho e bissle sauber gmacht.“

„Hoffentlich nicht mit Bürste und Seifenschaum“, meinte Beermann.

Die Entdeckerin blieb unbeirrt: „Also alt isch des Bild gwiss, Herr Pfarrer, vom Dürer oder vom Rembrandt oder so. Der Rahme isch au no guot, bissle wegbroche an oiner Stell, aber des macht nix!“

Beermann hörte kaum hin. Beim ersten Blick auf das Bild hatte ihn schon die Ahnung befallen, es dürfte mit diesem Objekt einige Umstände geben. Nicht, weil er von seiner künstlerischen Qualität überzeugt oder von der Darstellung begeistert gewesen wäre. Es war etwas Ungreifbares, das von dem Bild ausging, wie eine geheimnisvolle Energie, der er sich ausgesetzt fühlte.

Er sah zwei Baumstämme im Zentrum des Bildes, die aus einer gemeinsamen Wurzel herauswuchsen. Aber es war keine natürliche Malerei wie etwa bei einem Stillleben, eher im Stil eines Sinn-Bildes, bei dem verschiedenartige Elemente zu einem Gesamtsinn komponiert werden. Im Spalt, wo die Stämme sich trennten und im spitzen Winkel zueinander in die Höhe ragten, saß eine menschliche Gestalt und stemmte ihren Rücken gegen den einen und die Hände gegen den anderen Stamm, als wollte sie beide auseinanderdrängen.

Geäst und Kronen der Bäume wirkten bei flüchtigem Hinsehen sehr ähnlich, bei genauerer Betrachtung zeigten sich jedoch Unterschiede. Der Baum auf der rechten Bildseite war üppig mit Blättern und Früchten besetzt, und auf den Zweigen saßen farbenfrohe Vögel. Der linke war insgesamt in den Farben matter, und Vögel schauten nur vereinzelt aus dem Gezweig.

Obwohl die beiden Baumstämme den Mittelteil des Bildes ausfüllten, bestimmten sie doch nicht das Ganze. Auf der rechten und linken Seite bewegten sich Menschengruppen wie zur Prozession, links in mondsichelförmigem Bogen von unten nach oben und vom Helleren ins Dunklere, rechts umgekehrt und in entsprechendem Bogen von oben nach unten. Die Gruppe auf der rechten Bildseite zielte auf eine Szene im unteren Eck. Das Bild hatte an dieser Stelle durch Flecken am meisten gelitten, aber es war deutlich, dass es sich um eine Mahlszene handeln musste, mit reich gedecktem Tisch und Figuren dahinter, die in rote und goldfarbene Gewänder gekleidet waren. Alle trugen Tierköpfe. Leicht zu erkennen waren ein Löwe, ein Adler, ein Hirsch, die anderen ließen sich nicht ohne weiteres bestimmen.

Schließlich steuerte der Menschenzug auf der linken Bildseite nach oben, einem runden dunkelbraunen Loch entgegen. Doch dieses dunkle Rund besaß Struktur, einem geometrischen Ornament ähnlich, und erwies sich als Schuppenleib eines großen Fisches. Der krümmte seinen Körper in der Kreisform, so dass sein Schwanzende von seinem Maul ergriffen wurde, wie beim Uroboros, der mythologischen Schlange, einem Symbol des unendlichen Kreislaufs und des ewigen Lebens, dachte Beermann.

„Was denket Se denn nu, Herr Pfarrer?", fragte Frau Krohn, deren Geduld durch Beermanns Betrachtung arg strapaziert worden war, „was meinet Se, ob des Bild koschtbar isch?"

„Ich weiß es nicht", gab Beermann zur Antwort, und er hatte tatsächlich nicht die geringste Ahnung. „Das Bild wird erst mal in der Sakristei deponiert und dann festgestellt, ob es auf den Flohmarkt kommen soll oder nicht", beschied er. Die stolze Finderin nahm es mit sichtbarer Enttäuschung hin.

* * *

Abends kam Antusch zum Schach.

Er war kein Großmeister, aber auch keiner von der nervtötenden Sorte, die stundenlang über dem Brett grübeln, um am Ende einen kleinen Bauern vorwärts zu rücken.

Beermann schätzte das Schachspiel, weil es Geselligkeit ohne Gerede erlaubte. Man durfte sich anschweigen und miteinander ganz bei der Sache sein. Antusch war Kirchengemeinderat und beinahe ein Freund. Er hatte einen kaufmännischen Beruf mit weit verstreuten Geschäftsbeziehungen in aller Welt. Handel mit elektronischen Geräten und anderem. Genaueres wusste Beermann nicht und wollte es nicht wissen.

Er hatte eine Flasche Roten entkorkt, Trollinger mit Lemberger, war im Wohnzimmerschrank auf eine in Plastik eingeschweißte Keksschachtel gestoßen, hatte sie aufgerissen, den Inhalt noch einigermaßen genießbar befunden und neben die Weingläser auf den Couchtisch gestellt. Er selber war genügsam, und Antusch sollte es auch sein.

Als der Schachpartner pünktlich eingetroffen war und Platz genommen hatte, stopfte Beermann sich ein Kissen samt Wärmflasche in den Rücken.

„Ischias?“, fragte Antusch teilnahmsvoll.

„Nein, Duschwanne“, seufzte Beermann.

Man brachte die Figuren in Stellung, wählte die Seiten, kam in raschen Zügen voran. Bauern fielen, Offiziere wurden geschlagen, und Beermann hatte den Eindruck, dass beide erst richtig nachzudenken anfingen, als sich die Reihen auf dem Schlachtfeld gelichtet hatten und die Lage überschaubar geworden war.

Die erste Runde ging an Beermann. Er hatte den gegnerischen König auf blank geputztem Gelände mit König und Dame in die unentrinnbare Ecke gedrängt. Die zweite Runde gewann Antusch, auch mit letztem Aufgebot gegen einen entblößten Gegner. Beermann erhob sich theatralisch und stakste unbeholfen mit seiner Wärmflasche in die Küche, um sie mit heißem Wasser neu zu füllen.

„Vielleicht solltest du morgen zum Arzt gehen“, meinte Antusch, als der Pfarrer zurückkam und sich zeitlupenhaft in den Sessel sinken ließ.

„Ja, vielleicht.“

„Schon blöd, dass Bettina nicht da ist“, schob Antusch lauernd nach.

„Kann man sagen.“

„So ist das eben mit den Angehörigen. Sind sie bei dir, wünschst du sie irgendwohin. Sind sie irgendwo, vermisst du sie.“

„Gut gebrüllt, Löwe“, grinste Beermann und schenkte beiden nach. „Aber du bist doch fein heraus. Hast Geld wie Heu, tourst in der Gegend herum und verdienst noch mehr

Geld dabei und daheim hast du eine entzückende Frau und einen Sohn, auf den du stolz sein kannst."

„Na, stolz sein...", wehrte Antusch ab.

„Wieso – etwa nicht?", bohrte Beermann nach.

„Von der Schule bringt er ordentliche Noten heim", sagte Antusch nachdenklich, „aber sonst tut er nicht gut."

„Was denn?"

„Naja, er ist viel weg, auch abends bis spät, und wir wissen nicht, wo er sich rumtreibt."

„Soll vorkommen bei Sechzehnjährigen", lachte Beermann.

„Ich fürchte, er hat nicht die richtigen Freunde. Und verkehrt in abseitigen Kreisen."

„Dein Thomas?"

„Neulich saßen wir zum Länderspiel vorm Fernseher. Und als man die Nationalhymne spielte, sang er mit. – Aber nicht die dritte Strophe, sondern die erste."

„Und?"

„Hab ihm eine gescheuert."

„Und dann?"

„Ist er aufgesprungen, hat mich giftig angesehen und gebrüllt, er jedenfalls schäme sich nicht, ein Deutscher zu sein. Und raus war er."

„Olala!"

„Meike lässt trotzdem nichts auf ihn kommen. Nimmt ihn in Schutz und entschuldigt alles. Das hänge mit seinem Alter zusammen, sagt sie. Pubertät und Rebellion gegen den Vater und Ödipuskomplex. Aber weshalb man sich wegen Ödipus innerlich die braune Kluft anziehen soll, begreif ich nicht."

„Ein Sohn, der's probiert, seinen Vater mit rechten Parolen zu provozieren, muss ja nicht gleich ein Jungnazi sein."

„Muss nicht, klar, aber die Anzeichen häufen sich. Ich denke ja nicht, dass er schon bekennendes Mitglied in einer

Clique von Neonazis ist, aber die Sympathien hat er. Und Kontakte in der Szene auch – da bin ich sicher."

„Kannst du nicht drüber reden mit ihm?"

„Ja, wie denn? Er wittert doch sofort, wenn ich Anstalten mache in der Richtung. Dann macht er komplett zu oder nimmt Reißaus. Und Meike wickelt ihn in Watte und argumentiert, man müsse ihm Zeit lassen. Dürfe bloß nicht zu erkennen geben, dass man sich aufrege. Das wäre wie Öl ins Feuer gießen. Wenn man ihn lasse und sich anscheinend überhaupt nicht interessiere für seine Extravaganzen, werde er sich am ehesten beruhigen und in die richtige Spur zurückfinden."

„Gar nicht so verkehrt", sagte Beermann.

„Ich weiß nicht", fuhr Antusch fort und knetete seine Finger, „mir ist nicht wohl bei der Sache. Was mit den Rechten in den neuen Bundesländern los ist, hat man ja mit Staunen zur Kenntnis nehmen dürfen in den Jahren nach der Wende. Und keiner sollte so naiv sein zu glauben, das wären bloß die Eiterpusteln am östlichen Volkskörper. Als hätte der Westen einen Immunstoff dagegen. Junge Leute, die meinetwegen auch gegen ihren „Alten" kämpfen, sind verführbar, das weißt du so gut wie ich."

„Sicher! Was willst du machen?"

„Nichts. Abwarten. Aufpassen – so, wie Meike sagt. Nicht alles Vertrauen, das doch einmal da war, aufs Spiel setzen. – Aber du, finde ich, du könntest mit ihm reden."

„Ich? Wieso?"

„Du hast ihn konfirmiert. Er ist gern in den Unterricht gegangen."

„Weil wir die halbe Zeit gekickt haben auf dem Bolzplatz hinterm Gemeindezentrum und mehrere Wochenenden zur Freizeit waren auf der Alb."

„Aber es hat ihm gefallen."

„Klar hat's gefallen. Die neckischen Spiele und die langen Nächte im Ferienheim. Wo die Jungs anfangen zu entdecken, dass es Mädchen gibt, und die Mädchen, die ihnen immer ein Stück voraus sind, kräftig dabei helfen. Ich habe mir nie eingebildet, dass sie vor lauter Spannung die Bibelarbeiten nicht abwarten könnten oder den Pfarrer verehrten, weil er der Profi für anständige Sitten ist."

Antusch grinste, beharrte aber: „Trotzdem, du könntest es versuchen."

Beermann wand sich. „Thomas würde den Braten sofort riechen. Dass du dahinter steckst und mich angestiftet hast. Und schon wäre ich auf verlorenem Posten, dann hättest du wieder ein paar miese Punkte gesammelt bei ihm."

Antusch gab auf. Er ließ jedoch durchblicken, dass er die Zurückhaltung seines Schachpartners nicht für vornehm und auch nicht für klug und verantwortungsbewusst hielt. Der Abend war gelaufen, Antusch drängte nach Hause. An der Haustür sagte Beermann: „Ach, übrigens, die Krohn hat auf dem Speicher der Kirche ein altes Bild aufgestöbert und will es auf dem Flohmarkt verscherbeln. Ich hab allerdings Bedenken. Weiß weder, wo das Bild herstammt, was es bedeutet, noch was es wert ist."

„Wir können es uns am Sonntag nach der Kirche ansehen", schlug Antusch vor, „zusammen mit anderen Räten, die zufällig im Gottesdienst sind. Soll ja vorkommen, manchmal."

SONNTAG, 26. MÄRZ 2000

„Der kostbarste Teil ist vermutlich der Rahmen“, lachte einer der Kirchengemeinderäte, die sich am Sonntag in der Sakristei versammelt hatten und das rätselhafte Bild begutachteten. Niedermeyer hatte sich auf einem der gepolsterten Stühle niedergelassen, die Brautleuten zur Trauung vor dem Altar Platz boten. Der Buchhändler war neugierig auf alles, was mit Kultur in Verbindung zu bringen war. Er setzte seine kleine, randlose Brille mehrmals ab und wieder auf, so dass niemandem entgehen konnte, wie sorgsam er die Qualität des Bildes prüfte. „Eine kolorierte Zeichnung“, sagte er nach vernehmlichem Räuspern. „Kein großes Kunstwerk, aber nicht schlecht gemacht. Die Konzeption ist merkwürdig.“

Aufregend schien die Ausgrabung vom Kirchenboden nicht zu sein. Niedermeyer hielt sich, unter Brilleputzen, noch ein wenig beim Baummotiv auf. Man möchte an den kosmischen Baum denken, meinte er, der die obere und untere Region des Alls, Himmel, Erde und Unterwelt miteinander verbindet. Die große Zeit und Ewigkeit, Leben und Tod zusammenspannende Weltachse, um die sich alles drehe, Weltesche Yggdrasil oder so etwas.

Antusch unterdrückte ein Gähnen, das ihn überkam, weil er die Neigung des Buchhändlers zu gelehrten Exkursen kannte und nicht besonders schätzte. Verhindern konnte er allerdings nicht, dass Niedermeyer sich auch noch über das Phänomen der Tierköpfe auf den Menschenleibern ausließ.

„Wären allein Adler und Löwe und obendrein, an der schadhaften Stelle vielleicht ausgemerzt, der Stier versammelt, könnten einem die Evangelistensymbole in den Sinn kommen", sagte er, „aber der Hirsch fällt da aus der Rolle."

„Vielleicht hilft es, darüber nachzudenken, wie das Bild auf den Speicher der Kirche gekommen sein mag", warf Frau Heisterbach ein. Sie war altgedient im Gremium und betrieb einen Friseursalon mit ausgezeichnetem Ruf. Beermann bewunderte ihren Sinn fürs Praktische. Diskussionen, die sich ins Wolkige verloren, brachte sie nach einer Weile zielsicher auf die Erde zurück.

Beermann räumte ein, dass er keine Ahnung habe, wie das Bild in die Kirche und auf den Speicher gelangt sein könnte.

„Am Ende ist es die Frucht einer privaten Malstudie", sinnierte Antusch. „Kompensationskunst einer frustrierten Pfarrfrau, was weiß ich, aus dem letzten Jahrhundert." Beermann bedachte ihn mit einem vielsagenden Seitenblick.

„Oder", schloss sich der Buchhändler Antuschs Mutmaßungen an, „die Angelegenheit rührt ganz woanders her, wäre doch denkbar. Etwa so: Das Bild ist auf einem Trödelmarkt in Wien aufgetaucht, kurz vor dem Einmarsch der braunen Gesellschaft aus Berlin. Es wurde dort von einem schnauzbärtigen Zigeuner angeboten, der behauptete, es für teures Geld von einem jüdischen Antiquitätenhändler aus der Altstadt Budapests erworben zu haben. Die Bildidee stamme von einem Chassiden aus einem polnischen Schtetl und sei von einem Verwandten Chagalls gezeichnet und koloriert worden. Das gab dem Zigeuner natürlich das Recht, eine beträchtliche Summe zu verlangen. Irgendein junger deutscher Offizier aus reichem Hause, der sich mit einer hübschen Bankierstochter aus der schwäbischen Hauptstadt in Wien aufhielt, kaufte das Bild, um sich damit bei seiner

Brautmutter einzuschmeicheln. Auf diese Weise gelangte es in unsere Stadt. Der junge Liebhaber hatte in der Bankiersfamilie die vermutliche Herkunft des Bildes erwähnt, was bald, im Zuge der bekannten politischen Entwicklungen, für das Bild keine Empfehlung mehr war, sondern ein schwerer Makel. Die aufgeweckte Bankiersgattin beeilte sich deshalb, das Bild zu entsorgen und schenkte es ihrer Kirchengemeinde, die zusehen mochte, was sie damit anfing. Aber die war selber auf dem Weg, sich zeitgemäß einzufärben und versteckte es auf dem Kirchenboden. Dort ruhte es im Verborgenen, bis das Schicksal Frau Krohn die Eingebung gewährte, es für den Flohmarkt ausfindig zu machen."

Antusch nickte und klopfte Beifall. Er betonte, restlos überzeugt zu sein. Alle hatten ihren Spaß und ließen es dabei bewenden.

„Es wird gut sein, einen Sachverständigen hinzuzuziehen", sagte Beermann, „davon gibt's sogar einen in der Landeskirche. Er weiß wahrscheinlich nicht so fantastische Geschichten zu erzählen, könnte aber Anhaltspunkte für die Herkunft des Bildes liefern." Man war einverstanden.

* * *

Abends saß Beermann in seinem Fernsehsessel und schluckte ein Bier, das er vergessen hatte, in den Kühlschrank zu stellen. Das Bier war lau und die Heizung kalt, aus irgendeinem Grund funktionierte sie nicht, und Mesner Wilhelm zu Hilfe rufen mochte er auch nicht am späten Sonntag.

Die Nachrichten beschäftigten sich weiter mit dem Exkanzler und seiner Weigerung, die Namen der Geldgeber in seiner unseligen Spendenaffäre herauszurücken. Jeder hat sein Geheimnis und hütet es nach Kräften, dachte Beermann.

Seine polnische Heiligkeit war dabei, die Pilgerreise zum Heiligen Jahr ins Heilige Land zum Abschluss zu bringen. Er hatte den Berg Sinai besucht und machte nun den Autoritäten in Jerusalem seine Aufwartung. Auch dem dortigen Großmufti.

Betont wurde, dass es sich um einen Höflichkeitsbesuch gehandelt habe, bei dem der Papst sich brav bedankte, vom Vorsitzenden des obersten islamischen Komitees in der Moschee empfangen worden zu sein. Und seinem Wunsch hatte der Heilige Vater Ausdruck gegeben, der Allmächtige möge der Region Frieden schenken und alle dort lebenden Völker in den Genuss ihrer Rechte kommen lassen.

Beermann schnaufte. So viel Heiligkeit auf einem Haufen! Nicht ein Wort der Scham darüber, dass ein Vorgänger im Papstamt für das Lebensrecht von Juden im Dritten Reich praktisch nichts unternommen hatte. Und erst recht kein Wort der Erinnerung daran, dass ein Großmufti von Jerusalem politische Kumpanei mit den Nazis betrieben und vor dem Führer in Berlin bittstellend und anbetend auf den Knien gelegen hatte. Der arische Antisemit und der arabische Antisemit waren ihrer tiefen interkulturellen Einigkeit bewusst gewesen, der eine träumte von einem judenfreien deutschen Reich und der andere von einem judenfreien Palästina. Es sind immer die Drecksäcke, die eine große Säuberung vollziehen möchten, dachte Beermann.

Er hatte genug und schaltete den Fernseher aus. Gegen den faden Geschmack, der sich auf seiner Zunge gebildet hatte, ging er auf die Suche nach Süßem. Irgendwo musste doch ein Rest Schokolade oder wenigstens ein Kräuterbonbon herumliegen.

Als er dabei war, die Fächer des Wohnzimmerschranks zu durchstöbern, hielt er plötzlich inne. Er horchte – tat einen vorsichtigen Schritt rückwärts und drehte sich zum Flur.

Jemand machte sich an der Wohnungstür zu schaffen. Etwas klapperte, ein dumpfer Stoß folgte, dann rumorte es verdächtig im Schloss. Beermann lauschte angespannt und rührte sich nicht vom Fleck. Für einen Augenblick herrschte Stille, dann wurde der Angriff aufs Schlüsselloch wiederholt, es machte klack und die Tür sprang auf.

„Ich probier's immer wieder mit dem falschen Schlüssel", sagte Bettina, ließ die Tür ins Schloss fallen und trat näher. „Wie stehst du denn da?", fragte sie verwundert. „Erwartest du eine Erscheinung?"

„Mit dir habe ich jedenfalls nicht gerechnet", knurrte Beermann. „Wusste auch nicht, dass du den Hausschlüssel eingesteckt hattest. Also: willkommen daheim, Bettina!"

„Daheim, na", sagte sie kurz. Ihre Blicke schweiften missbilligend über die verwandelte Wohnlandschaft. „Schon beachtlich, wie rasch du aus einem ordentlichen Zimmer einen regelrechten Müllhaufen machen kannst! In die Küche schau ich lieber gar nicht erst rein. Bin auch gleich wieder weg, mein Lieber. Wollte bloß mein Malzeug holen, wenn ich's noch finde in deinem Chaos."

„Du malst wieder?"

„Will's versuchen."

„Du hast schon lange Jahre nicht mehr gemalt."

„Herr Pfarrer, ich habe vieles schon lange nicht mehr gemacht, was zu mir gehörte wie der Herzschlag unter der Haut. Alles dran gegeben – zum Opfer gebracht auf dem Altar deines heiligen Berufs."

„Das ist ungerecht", nörgelte Beermann.

„Es ist die Wahrheit", rief Bettina, empörter und lauter als beabsichtigt. Sie wollte nicht wieder streiten. Das lag hinter ihr, hatte genug Nerven gekostet und keine Besserung gebracht. Sie wollte lediglich ihr Malzeug holen und wieder verschwinden. Höchstens ein bisschen aufräumen, das

Nötigste. Die Stapel von ungespültem Geschirr wegschaffen. Und etwas Staub saugen. Und nach dem Bad sehen.

„Ich freu mich, wenn du wieder malst“, sagte Beermann, „ein paar Bilder von dir müssen noch im Schlafzimmer sein, hinter dem Schrank. – Ach, und weißt du, die Krohn hat dieser Tage ein altes, merkwürdiges Bild ausgegraben vom Kirchenboden.“

„Ein altes Bild?“

„Scheint jedenfalls.“

„Und woher ist es? Was stellt es dar?“

„Woher es kommt, wissen wir nicht. Und was es darstellt, eigentlich auch nicht. Eine allegorische Malerei.“

Bettina schien nachzudenken. „Komisch“, sagte sie nach einer Weile, „auf dem Kirchenboden bin ich öfter gewesen. Aus Neugier, was da so alles gestrandet war von überall her. Aber ein altes Bild, mein Lieber, habe ich da nie gesehen. Das muss gut versteckt gewesen sein. In einer Kiste oder Hülle… vielleicht hinter irgendwelchen Verschlägen oder Wänden.“

Beermann massierte seine Stirn. „Du meinst, es war da oben nicht einfach weggeräumt, sondern bewusst und mit Sorgfalt versteckt worden? Damit es aufbewahrt, aber nicht gefunden würde?“

„Ich denke, ja. Was einer versteckt, das soll nicht auftauchen. Aber es soll aus bestimmten Gründen auch nicht verloren gehen oder vernichtet werden.“

„Und selbst wenn es keinen nennenswerten Kunstwert haben sollte“, ergänzte Beermann, „konnte es doch einen hervorragenden Wert haben für jemanden, der das Versteck ausgesucht hat.“

* * *

In der kommenden Woche mehrten sich die Ereignisse um das aufgefundene Bild. Dienstag war die Lokalredakteurin im Pfarramt aufgekreuzt, die Beermann flüchtig von einer Pressekonferenz kannte, bei der es um Austrittswellen bei den Kirchenmitgliedern gegangen war. Er hatte sie etwas mürrisch empfangen und sich verwundert gezeigt über das Interesse der Zeitung an einem Gegenstand, der bestimmt nichts Sensationelles zu bieten habe.

Mal sehen, hatte die Dame gemeint und nicht locker gelassen.

Ob der Gemeinderat Niedermeyer, Buchhändler mit guten Kontakten zur Presse, ihr einen Tipp gegeben habe, wollte Beermann wissen.

Die Dame lächelte und bat darum, das Bild in Augenschein nehmen zu dürfen. Beermann hatte das nicht gefallen, aber er hatte auch keinen plausiblen Grund gefunden, weshalb er die Präsentation verweigern sollte. Im Gegenteil: Wenn eine Ablichtung des Fundes in der Zeitung erschien, konnte sich unter Umständen ein Unbekannter melden, der etwas auszuplaudern hatte.

Beermann holte also das Objekt der Neugier aus einem Hinterzimmer des Pfarramtes, wo er es seit vergangenem Sonntag verwahrte, stellte es auf einen Stuhl und überließ die Redakteurin ihrer Betrachtung und ihrer Arbeit mit dem Fotoapparat.

„Vielleicht ist es gar nicht zufällig auf Ihrer Kirchenbühne gelandet“, meinte sie zwischendurch.

Beermann stutzte. „Hat meine Frau auch schon überlegt… Wie kommen Sie auf den Gedanken?“

„Bloß eine dumme Assoziation“, winkte die Redakteurin ab. „Wäre immerhin vorstellbar, dass das Bild aus dem Verkehr gezogen werden sollte, weil die Darstellung als ketzerisch oder einfach als unmoralisch empfunden wurde.“

Beermann machte große Augen. Das war ihm nicht in den Sinn gekommen. Er warf erneut einen Blick auf das Bild.

„Was mich vor allem darauf gebracht hat", fuhr die Redakteurin fort und deutete mit dem Finger auf den Löwen, „sind diese Tierköpfe beim Festmahl. Wenn man mal unterstellt, es könnte das heilige Abendmahl gemeint sein, wäre das ziemlich harter Tobak, wenn es auf diese Weise parodiert worden wäre… aber das ist es nicht in erster Linie, was mich beschäftigt." Sie deutete auf den Baum. „Wesentlich interessanter finde ich das Auseinandergehen der beiden Stämme und die Figur im Spalt dazwischen."

„Wieso?", fragte Beermann.

„Nun ja", zwinkerte die junge Dame ihm verschwörerisch zu, „ich sage bloß: Goethe."

„Der Johann Wolfgang von?"

„Derselbe. Faust, erster Teil, Walpurgisnacht. Dämmert da was, Herr Pfarrer?"

Bei Beermann dämmerte gar nichts, und es verstimmte ihn, an der Nase seiner lückenhaften Bildung herumgezogen zu werden.

„Die Szene auf dem Brocken?", murmelte er aber schließlich doch.

„Genau", bestätigte die Redakteurin, „diese Szene mit einer jener pikanten Stellen, wo in unseren Goethe-Ausgaben die Zensurpünktchen statt des vollen Wortlauts erscheinen …"

„Die sämtliche Schüler viel mehr interessierten als der ganze poetische Text drum herum", grinste Beermann.

„Etwa auch Sie, Herr Pfarrer?", stichelte die junge Frau.

„Ich war ja noch nicht Pfarrer damals", beteuerte Beermann. „Aber was für eine Stelle – zum Kuckuck – meinen Sie eigentlich?"

„Na, die mit Mephisto natürlich. Man vergnügt sich droben auf dem Brocken mit beschwingten und liebeskundigen

Hexen beim Tanz. Faust dreht mit einer Jungen die Kreise, Mephisto hält eine Alte im Arm und raunt ihr seine Zote ins Ohr:

‚Einst hatt' ich einen wüsten Traum;
Da sah ich einen gespaltnen Baum,
Der hatt' ein …;
So … es war, gefiel mir's doch.'"

Sie lachte. „Entschuldigen Sie, aber der gespaltene Baum auf dem Bild und die Figur dazwischen, das kann einem schon vorkommen wie eine Illustration zu den Versen des lasterhaften Mephisto."

„Und wenn das stimmt", räumte Beermann ein, „dann gehört so ein Bild tatsächlich nicht aufs Harmonium im Gemeindesaal."

Am Donnerstag erschien eine Wiedergabe des Bildes im Lokalteil der Ortszeitung, mit einem knapp gehaltenen Text darunter:

MYSTERIÖSER BILDERFUND

Per Zufall wurde dieser Tage ein lange vergessenes oder vorsätzlich verstecktes Bild auf dem Speicher der Jakobuskirche entdeckt. Herkunft und Bedeutung des Bildes sind noch ungeklärt. Klar dürfte lediglich sein, dass es sich um eine symbolische Darstellung handelt, vielleicht aus der Gedankenwelt sektiererischer Kreise.

SAMSTAG, 1. APRIL 2000

Der Tag versprach, ein Geschenk des Frühlings zu werden. Das Thermometer kletterte auf frühsommerliche Temperaturen, der Himmel hatte alle Schleier und Wolkenkleider abgelegt und brüstete sich im zarten Azur. Rasenflächen in den Vorgärten zauberten die kleinen weißen Sterne der Gänseblümchen und das milde, vergängliche Männertreu hervor. In den Beeten entfalteten Narzissen ihre Kelche, als wollten sie der Sonne und den ersten Bienen ein wollüstiges Entree gewähren. Aus den Büschen zilpzalpte der Weidenlaubsänger, und eine graumelierte Katze lag entspannt davor und träumte von erfolgreichen Jagden.

What a day for a daydream… Beermann pfiff die Melodie gut gelaunt vor sich hin, nachdem er sein Frühstück auf dem Balkon eingenommen hatte und nun die Zeitung durchblätterte. Ab und zu lehnte er sich zurück und sah den Kondensstreifen großer Flieger nach, die lautlos und fern über die Stadt hinzogen. Irgendwo schlug eine Kirchenuhr die falsche Zeit. Es war eine Genugtuung zu wissen, dass es nicht die eigene war.

Eben als er sich besann, ob ihm ein weiterer Kaffee, vielleicht mit einem Schuss Rum verstärkt, gut tun würde, klingelte es an der Haustür. Es war Mesner Wilhelm. Er sei vorhin mit dem Hund ums Viereck gelaufen, erklärte er, da habe er's bemerkt. In die Sakristei sei eingebrochen worden.

„Die Tür ist hin“, kommentierte er, als sie den Ort des Unheils erreicht hatten. In Höhe des Schlosses war ein Stemmeisen eingeführt worden, mit dem man das Ganze aufgebrochen hatte. Holzsplitter lagen auf der Erde und ragten spitz aus der Türfüllung.

„Waren Sie schon drin?“, fragte Beermann.

Der Mesner verneinte. Er sei sofort ins Pfarramt gelaufen.

Sie traten ein. Alle Schranktüren standen offen, Traubibeln, Antependien, Agendenbücher lagen auf dem Boden. Das silberne Abendmahlsgerät war verschwunden. Ebenso der Recorder, mit dem für bettlägerige Gemeindeglieder die Gottesdienste aufgenommen wurden, das Mikroport und der Tageslichtprojektor. Alles, was man brauchen und auf dem Hehlermarkt umsetzen konnte.

„Die Kirche hilft allen Bedürftigen, jedem auf seine Weise“, grinste Wilhelm.

Beermann warf ihm einen vorwurfsvollen Blick zu – und stutzte. Der Einbruch hatte sie ein paar Gegenstände gekostet, gut. Aber wenn diese Tat nun gar nicht den erbeuteten Gegenständen gegolten hatte? Wenn die bloß im Vorbeigehen mitgenommen wurden? Was, wenn das eigentliche Interesse darauf gerichtet war, dieses vermaledeite Bild zu erwischen und verschwinden zu lassen? Beermann starrte den Mesner an und murmelte: „Am Ende ging es denen gar nicht um die Kollekte und Silbersachen zum Verscherbeln. Es könnte ein Zusammenhang mit dem Bild bestehen. Diesem Bild von der Bühne. Es kam ja in der Zeitung. Und einige wussten oder meinten zu wissen, dass es hier in der Sakristei sei.“

„Wer zum Beispiel?“, fragte Wilhelm.

„Einige Kirchengemeinderäte zum Beispiel.“

Der Mesner glotzte und schüttelte langsam den Kopf: „Das meinen Sie nicht im Ernst, Herr Pfarrer?“

„Natürlich bin ich überzeugt, dass alle Kirchengemeinderäte über jeden Verdacht erhaben sind…“

„… aber man hat schon Pferde kotzen sehen“, ergänzte Wilhelm bedeutungsvoll.

Wieder zurück im Pfarramt verständigte Beermann die Polizei, den Vorsitzenden des Kirchengemeinderats und auch gleich den kirchlichen Bautrupp, der den Sakristeieingang möglichst rasch wieder verschließbar machen sollte.

Von der Polizei erschienen zwei Herren – ein Inspektor mit Assistent. Der Inspektor hieß Knolle und sah auch so aus. Er hatte einen rundlichen Rumpf, einen ebensolchen Schädel und mitten im Gesicht eine prächtige Knollennase. Für ihn war der Fall eine Routineangelegenheit.

„So was kommt vor“, warf er lakonisch hin. „Seien Sie froh, wenn Sie in dieser Hinsicht bisher keine Scherereien hatten!“

Er sah sich das Ergebnis des nächtlichen Spuks in der Sakristei an, sehr oberflächlich, wie Beermann fand, die Hände in den Hosentaschen. Der Assistent gab sich entsprechend. Beermann hatte mit ausführlichen kriminalpolizeilichen Ermittlungen gerechnet, mit einer Suche nach Fingerabdrücken, Eintüten von verdächtigen Partikeln, Kreidezeichnungen auf dem Boden. Nichts dergleichen. Der Inspektor erfragte die Uhrzeit der Entdeckung und ob irgendein Verdacht bestehe. Beermann zuckte mit den Schultern und verneinte.

Der Assistent werde nachher eine Liste der abhanden gekommenen Gegenstände anfertigen, sagte Inspektor Knolle, es handle sich ja offensichtlich um einen Einbruch mit der Absicht, Wertartikel zu stehlen.

„Haben Sie Hoffnung, die Täter ausfindig zu machen?“, fragte Beermann naiv.

Der Inspektor war solche Fragen gewohnt. „Hoffnung haben wir immer", sagte er, „das ist unser Job… so ähnlich wie bei Ihnen!"

* * *

Gegen Mittag hatte Beermann im Kühlschrank ein einsames Ei entdeckt, in die Pfanne gehauen, einen Haufen Salz darüber geschüttet und das Ganze anschließend verbrennen lassen. Er kippte den missratenen Happen auf den überfüllten Abfalleimer, schlitzte die letzte, bereits dunkel verfärbte Banane aus dem Obstkorb auf, setzte sich in den Wohnzimmersessel und streckte die Beine aus.

Die dumme Rätselsache mit dem Bild hatte nicht nur angefangen, lästig zu werden, sie nahm auch immer verwirrendere Züge an. Hätte die Krohn es bloß nicht hervorgeklaubt – oder hätte wenigstens er selber es unbesehen für den Flohmarkt frei gegeben! Dann wäre es weg, aus seinen Augen und aus aller Sinn.

Selbstverständlich war nach wie vor nicht auszuschließen, dass die ganze Angelegenheit sich am Ende als lächerliche Farce herausstellen würde… dass das Bild wirklich von unverdächtiger Herkunft und ohne Bedeutung war. Aber sein Gefühl sagte etwas anderes. Die dargestellten Gegenstände waren nicht zufällig gewählt und zusammengeordnet, es musste ein Sinn dahinter stecken. Die irritierende Mischung aus Hinweisen und Verrätselungen konnte nur einer strategischen Absicht entsprungen sein, die sich ihm verschloss. Wer hatte das Ding bloß auf dem Speicher abgelegt und wann und warum? Und dann noch der Einbruch in die Sakristei. Möglich, dass es sich um ein Allerweltsdelikt handelte, in der Stadt war es nicht die erste Sakristei, in der man sich mit profaner Gewalt am sakralen Kirchengut bereichern wollte. Aber dass dies gerade jetzt passierte, zwei Tage nach dem Zeitungsbericht, war immerhin auffällig.

Beermann schleuderte die Bananenschale zum Papierkorb, den er prompt verfehlte, und reihte dieses kleine Missgeschick in die Serie von Schicksalsschlägen ein, die seit Tagen über ihn hereinbrachen.

Eigentlich sollte er sich hinsetzen und mit der Predigt für den Sonntag beginnen. Er hatte sich noch nicht einmal darum gekümmert, welcher Bibeltext zu behandeln war. Überhaupt musste man erst in betreffende Stimmungen geraten, um zum Verfassen geistlicher Reden aufgelegt und fähig zu sein. Davon war er im Augenblick weit entfernt. Zur Not würde er später einen Ordner mit abgehefteten alten Predigten hervorholen und eine auswählen, von der angenommen werden konnte, dass sie im Langzeitgedächtnis der Gemeinde nicht mehr vorhanden war.

Als er die Halblage im Sessel gegen eine bequemere Totallage auf dem Sofa eintauschen wollte, ging das Telefon. Anrufer, die seine Mittagsruhe missachteten, erregten seinen Unmut. Er erwog, liegen zu bleiben und die Störung zu ignorieren. Doch der Weckruf blieb hartnäckig. Beermann wälzte sich in Seitenlage, erhob sich stöhnend und spielte ein paar saftige Bemerkungen durch, die er dem Ruhestörer ins Gewissen drücken wollte. Mit einer zornigen Gebärde riss er den Hörer an sich, holte Luft… Es war Bettina.

Seit ihrem Auszug hatte sie überhaupt noch nicht angerufen. Und während des überraschenden Besuches kürzlich in seiner Wohnung hatte sie nach redlichen Versuchen, ein wenig Ordnung zu schaffen, mit einem Schlag kapituliert, den nassen Lappen in die Spüle gefeuert und erklärt: „Schluss und aus! Es hat überhaupt keinen Sinn!" Das hatte nicht danach geklungen, als ob sie sich bald wieder melden und freundlich an ihn wenden wollte.

„Hör mal zu", sagte Bettina, „die Sache mit eurem Bild vom Kirchenspeicher geht mir nach."

„Mir auch!", knurrte Beermann.

„Die Abbildung in der Zeitung habe ich mir genauer angesehen und ich denke, wenn die Krohn ein Gemälde mit Blumenmotiven oder ein Porträt entdeckt hätte, dann wär's wahrscheinlich belanglos. – Aber so?"

„Was – so?"

„Na, so kompliziert, wie es ist. Und irgendwie auch wieder stringent. Das Bild erzählt eine Geschichte und es will hinaus auf eine ganz bestimmte Mitteilung."

„Welche?"

„Schafskopf! Wenn ich das wüsste, würde ich's dir verraten."

„Sieh mal an", frotzelte Beermann.

Bettina tat, als habe sie die Bemerkung überhört.

„Wenn du meine Meinung hören willst", fuhr sie fort, „dann solltet ihr euch nicht allein mit dem Bild und seinen kryptischen Motiven befassen, sondern auch mit dem Ort, an dem es gefunden wurde. Vielleicht hat die Krohn ja gar nicht alles entdeckt, was mit dem Bild in Verbindung steht. Wenn es in einer Hülle aufbewahrt war, könnte es Hinweise geben, aus welcher Zeit diese Hülle stammt. Vielleicht ist ja auch irgendetwas in der Hülle zurückgeblieben, was ein bisschen Licht in die Geschichte bringen könnte."

„Danke", brummte Beermann, „ich will dran denken."

Es wurmte ihn, dass Bettina bloß Interesse zeigte für das lausige Bild, das ihm längst auf den Nerv ging. Für das Schicksal dieses Schmarrens konnte sie sich erwärmen, sein eigenes Schicksal in der verlassenen Wohnung ließ sie kalt. Während er sich durch den Alltag schlug, gefangen in tausend Fesseln und Fallstricken, saß sie gelassen auf dem Malerschemel in der Frühlingssonne und tupfte Farben auf die Leinwand.

„Bist nicht gut gelaunt, wie?“, hörte er sie fragen und gab zurück: „Was denn! Der Engel in mir jubiliert. Wie immer!“

* * *

Am Nachmittag rückten sie alle an, als hätten sie sich verabredet: der kirchliche Kunstsachverständige, der Vorsitzende des Kirchengemeinderats, der Schreiner von der Bauabteilung.

Ostendorf war Angestellter eines Versicherungskonzerns und führte den Vorsitz im Kirchengemeinderat. Sein erster Satz betraf den Tresor, der trotz seines Antrags nicht in der Sakristei eingebaut worden war. Durch die Sekretärin zeigte er sich bestens informiert. Frau Brotbeck war ihrerseits über alle wesentlichen und notfalls auch unwesentlichen Vorgänge gut im Bilde, sie sammelte Nachrichten wie andere Briefmarken oder Glasperlen.

Ostendorf versprach, die versicherungstechnischen Dinge in die Hand zu nehmen.

„Was meinen Sie, Herr Pfarrer?“, fragte er. „Ob ein Zusammenhang bestehen könnte zwischen dem Einbruch und dem Bild?“

„Keine Ahnung“, meinte Beermann, „möglich ist vieles. Aber wenn es der Einbrecher wirklich auf das Bild abgesehen hatte, ist eigentlich unverständlich, wieso er sich nicht vorher genauere Kenntnis besorgt hat über dessen Aufenthaltsort.“

„Vielleicht war man sich ganz sicher.“

„Außerdem: Warum ließ er so viel Zeug mitgehen, wenn es ihm nur auf das Bild in der Sakristei ankam?“

„Gelegenheit macht Diebe!“

„Dass das Bild bei uns vorhanden ist, konnte natürlich jeder wissen, der in die Zeitung geschaut hatte. Aber über den Wert war doch gar nichts bekannt. Es hätte doch ein simples Andachtsbild sein können, das früher über Großmutters Sofaecke hing."

„Der Gedanke an das Bild macht also nur Sinn, wenn nicht der eventuelle Kaufwert von Interesse war, sondern etwas anderes."

„Zum Beispiel?"

„Das Thema oder die Herkunft oder beides."

„Und da tappen wir total im Dunkeln."

„Wo haben Sie das Bild jetzt?"

„Im Hinterzimmer des Pfarramts."

„Ist es dort sicher?"

„Vorläufig schon, hoffe ich. Die Polizei meinte, sie müsse es vielleicht in ihre Obhut nehmen, hat aber erst einmal Abstand genommen davon. Solange wir mit kunstgeschichtlichen Recherchen befasst seien, um herauszufinden, was es damit auf sich haben könnte."

In diesem Augenblick läutete es an der Bürotür, und Münchinger erschien, Kunstsachverständiger der Landeskirche. Dass der Vorsitzende des Kirchengemeinderats gerade zugegen war, erwies sich als praktisch, und Beermann bat ihn zu bleiben, um die Ausführungen des Experten mit anzuhören.

Er holte das Bild und stellte es auf den Tisch.

Münchinger trat einen Schritt nach vorn, beugte sich dem Bild entgegen, trat einen Schritt zurück, straffte sich, zog Luft durch die Nase, wippte auf den Sohlen, zwirbelte mit Daumen und Zeigefinger das Barthaar unterm Kinn zu dünnen Flechten.

„Nun ja", meinte er schließlich, „nicht viel mehr als die Wiedergabe in der Zeitung auch schon erkennen ließ. Technisch nicht übel gemacht, aber eine rein handwerkliche

Sache. Vielleicht Auftragsarbeit. Der Platz auf dem Speicher war nicht dumm gewählt. Da gehört so was hin."

„Können Sie Näheres über Thematik und Sinn des Bildes sagen?", fragte Ostendorf.

„Nichts Gewisses", erwiderte Münchinger. „Klar, es handelt sich um eine Allegorie. Eine mehr oder weniger komplizierte Konstruktion. Das Bild will also nicht durch einen unmittelbaren optischen Eindruck wirken, es will entschlüsselt werden, Zug um Zug. Die abgebildeten Objekte und Figuren sind allegorische Verkleidungen der Dinge und Ereignisse, die tatsächlich gemeint sind. Eine Art Bilderrätsel also, wenn Sie so wollen. Im Mittelalter und in der Renaissance hat man häufig so etwas gemacht, teilweise auch in der Romantik. Aber es ist im Grunde wenig romantisch, es ist rational. Eine Bildersprache, die sich tarnt und zugleich mit Andeutungen dazu lockt, entziffert zu werden."

„Was entziffern Sie?", bohrte Ostendorf.

„Tja, es liegt in der Natur dieser Art von Bilderrätseln, dass sie Eindeutigkeit vermeiden. Da bleibt immer etwas offen."

„Trotzdem?" Ostendorf ließ nicht locker.

„Gut, da haben Sie die wandernden Menschengruppen rechts und links. Prozessionen, wie es scheint. Mein Gott, was könnte damit alles gemeint sein!

Prozessionen von Menschen mit Grabbeigaben in den Händen finden Sie schon auf ägyptischen Reliefs. Das gibt's überall, in völlig unterschiedlichen Zusammenhängen. Fahren Sie in den Schwarzwald nach Bad Teinach, da finden Sie außen auf dem großen Tafelbild der Prinzessin Antonia die Prozession der biblischen Frauen, die den Brautzug der Sulamith bilden. Aber dieser Brautzug ist natürlich die versammelte biblische Frauengeschichte – und zwar versammelt auf dem Weg zu Christus, dem himmlischen Bräutigam, und die Sulamith aus dem Hohen Lied ist zugleich die Prinzessin Antonia und deren demütige Seele, die die mystische Vereinigung mit dem Christus sucht. Also auch hier Bild und Bilderrätsel, eine ganz gezielte Komposition. Barock und Pietismus und Theosophie. Bei diesem Bild hier haben wir zwei Prozessionen mit zwei Zielen. Oben links ein zusammengerollter großer Fisch, das eine Ziel. Das erinnert an Tiamat, die Urweltschlange, oder an den biblischen Leviathan, Meerungeheuer, Verkörperung des Chaos. Wer dorthin gerät, wird verschlungen. Die Gruppe am linken Bildrand, die sich auf Chaos-Leviathan zu bewegt, könnte dann auf dem Weg ins Verderben sein. Dann wäre es keine Prozession, sondern eher eine Art Deportation, Abmarsch in Gefangenschaft und Untergang. Nicht Exodus, sondern Exil. Verschleppung zu Fuß oder Transport in Viehwaggons – und am Ende steht Babylon, Auschwitz, Leviathan, der alles verschlingt."

Münchinger hatte zuletzt immer langsamer, immer leiser gesprochen, als füge sich, was er als Einzelbeobachtungen machte, erst beim Sprechen zu einem bedrängenden Eindruck zusammen.

„Dazu stimmt die Gegenbewegung auf der anderen Seite", fuhr er fort, „die Menschengruppe, die im Bild von oben nach unten wandert, und deren Ziel in der Diagonalen zum Fischleib ist die Festtafel, himmlisches oder irdisches, jedenfalls endzeitliches Freudenmahl, würde ich sagen. Auch wenn da kein Christus im Zentrum erscheint und die Gaben des Lebens austeilt. Aber das Ziel ist klar. Das ist nun wirklich Exodus, heraus aus Elend und Sklaverei und Tod, die Sphäre des Leviathan wird verlassen, Erlösung winkt, sei es aus Ägypten oder aus Babylon oder aus welcher Hölle der Geschichte sonst. Und natürlich der Baum zur Rechten üppig, da ist Frühling und Erntezeit, während der Baum zur Linken jämmerlich wirkt, bei ihm versiegt das Leben, je mehr er in den Bereich des Tödlichen und Chaotischen hinüberwächst."

„Und das Motiv mit der Menschengestalt zwischen den Baumstämmen?", fragte Beermann.

„Wenn die bisherigen Zuweisungen einigermaßen die Richtung treffen", sagte Münchinger, „dann müssen die beiden Bäume in der Mitte die Bäume des Paradieses sein: der Baum des Lebens und der Baum der Erkenntnis des Guten und Bösen."

Ostendorf nickte, schnippte mit den Fingern und sagte: „Nur der Christus fehlt. Der Erlöser als Gastgeber an der himmlischen Festtafel."

„Allerdings", bestätigte Münchinger, „vollkommen richtig. Aber so ist das mit den Rätselbildern. Irgendwo bleibt da immer etwas offen. Ein Rest des Unauflösbaren, ich erwähnte es schon."

FREITAG, 7. APRIL 2000

Kleine Fluchten!

Es konnte nicht verkehrt sein, für ein paar Tage das Weite zu suchen, hatte Beermann überlegt, um allem den Rücken zu kehren: der Stadt, dem Pfarramt, der vertrackten Geschichte mit dem Bild, der Polizei. Er fühlte sich wie von böswilligen Geistern verfolgt und überlastet. Die Frau war ihm davongelaufen, und es hatte ihn gekränkt, weil er sich früher für einen glänzenden Liebhaber und zurzeit immerhin noch für einen liebenswerten Ehemann gehalten hatte. Was wollte Bettina eigentlich? Wodurch hatte er sich ihren Missmut zugezogen? Er begriff es nicht.

Kurz entschlossen ließ er sich vom Dekanat einen Kurzurlaub bewilligen, traf die nötigen Vorkehrungen für seine Abwesenheit, packte seine Reisetasche, stieg in seinen alten Passat und brach nach Süden auf – an den Bodensee. Er wollte einfach stundenlang am Wasser sitzen, dort, wo der See am breitesten ist, bei Friedrichshafen. Wollte seiner Seele Raum lassen, die so elend ins Enge geboxt worden war, und sie gleichsam hinbreiten und sich herumlümmeln lassen auf dem großen Wasserbett, das alles Schwere in die Tiefe hinabzog und verschwinden ließ.

Gelingen wollte es ihm nicht. Die Unruhe, die sich festgesetzt hatte in ihm, vermochte er nicht abzuschütteln. Sie trieb ihn, obwohl er ruhen und einfach faulenzen wollte, und er pendelte rastlos von einem Ort zum andern.

Wenn er über die Friedrichshafener Uferpromenade schlenderte, fühlte er sich wie amputiert. Bettina fehlte neben ihm, allein war er ein Torso. Lindau mied er von vornherein, er wäre dort an allen Ecken mit schönen Erinnerungen zusammengestoßen, die wehtun mussten, weil sie von seiner Gegenwart nicht mehr gedeckt wurden. Auch die schönsten Plätze der Erde sind nicht schön an und für sich, dachte Beermann. Sie werden schön durch Augen, die glücklich sind.

Er unternahm einen Ausflug in die nahen Berge. Vielleicht half ja die Mühsal des Wanderns gegen die Tristesse der Gedanken. Mit der Bahn fuhr er zum Hochgrat hinauf und stieg weiter bis zum Gipfel. Der Weg war nicht schwierig, brachte ihn aber völlig außer Atem. Andere, auch ältere Wanderer musste er an sich vorbeiziehen lassen. Wenn jetzt Bettina dabei wäre, würde sie ihm todsicher mit Programmvorschlägen für gymnastische Übungen und verwandte Ekligkeiten kommen oder ihm dringend den Verzicht auf seinen spärlichen Rotweinkonsum empfehlen!

Vom Gipfel schaute er nordwärts weit ins Allgäuer Land, nach Osten über die Kämme des Bergrückens, auf dem er stand, nach Süden zu den höchsten Erhebungen der Alpen und nach Westen bis hinunter zum Bodensee. Er empfand Augenblicke der Stille und des gütigen Vergessens. Dohlen umkreisten ihn, aber er hatte keine Brocken für sie, nicht mal Brot für sich selbst. Etwas entfernt hockte ein Bergwanderer auf der Erde, langte eine Wasserflasche und eine kolossale Hartwurst aus seinem Rucksack, schnitt sich die Köstlichkeit zurecht und speiste mit sichtlichem Genuss. Geht also auch, erkannte Beermann; es geht anscheinend, allein und vollkommen zufrieden zu sein.

Ihm selbst wollte es nicht gelingen.

Er saß am See, doch es wurde ihm nicht leichter dabei. Bloß langweilig. Weitere Ausflüge nach Meersburg, von dort mit dem Schiff nach Konstanz, ein Spaziergang am Hafen und an Peter Lenks üppiger Imperia vorbei, anschließend durch die Altstadt mit Kaffeepause bei frühlingshaften Temperaturen in einem Straßencafé: Lauter künstliche Beschäftigungen, die nicht wirklich erfreuten, kleine Fluchten, die nirgendwo hinführten, dachte Beermann, der die Nase voll hatte. Er packte seine überschaubaren Sachen im Hotel zusammen und reiste zurück. Unglücklich mit sich und der Welt konnte er auch zu Hause sein.

Am Abend saß er bereits wieder in seinem Pfarramt und sah den Poststapel durch, der sich in den vergangenen Tagen angesammelt hatte. Er enthielt nichts von Bedeutung: Werbung, Bettelpost, Amtliches. Das meiste für den Papierkorb. Als er sich gerade vom Schreibtisch erheben und die Lampe löschen wollte, klirrte es furchtbar. Scherben flogen durch den Raum, ein harter Gegenstand schlug gegen die Türen des Aktenschrankes.

Beermann hatte sich instinktiv geduckt und schützend beide Hände über den Kopf gelegt. Er rührte sich nicht, versuchte aber durch die Gardinen zu spähen, ob er draußen eine Person oder sonst etwas Verdächtiges erkennen könnte. Dann machte er das Licht aus, zog die Vorhänge zu und wartete. Nichts geschah. Entfernt vernahm er die Geräusche der Fahrzeuge, die die Straße vor der Kirche passierten. Ansonsten war es still. Als er meinte, davon ausgehen zu können, dass keine weiteren Angriffe drohten, streckte er sich, bediente den Lichtschalter und sah sich um. Glassplitter lagen auf dem Boden. Es war nicht schwer zu ermitteln, dass eine Fensterscheibe durch ein Wurfgeschoss zu Bruch gegangen war. Mitten in seinem Pfarramt, kaum dass er heimgekehrt war nach Tagen der Abwesenheit.

Was ging hier eigentlich vor?

Er musste nicht lange herumsuchen und fand den faustdicken Gegenstand, der mit Wucht durchs Fenster geschleudert worden war. Ein Stein, in Papier gewickelt. Bei näherem Hinsehen, erkannte Beermann, dass das Papier beschriftet war, mit Druckbuchstaben, die man offenbar aus Titelzeilen einer Zeitung ausgeschnitten und in der gewünschten Anordnung auf das Blatt geklebt hatte. Die alte Methode, mit der gehässige Verleumder oder um Tarnung besorgte Erpresser ihre Nachrichten übermitteln. Beermann ließ sich auf seinem Schreibtischstuhl nieder und las:

ACHTUNG!
DER BRUCH HAT LEIDER NICHT VIEL
GEBRACHT AUSSER SILBER
LASS DAS DING VERSCHWINDEN
ES KÖNNTE UNGLÜCK BRINGEN
WER STAUB AUFWIRBELT KANN DRAN
ERSTICKEN

Keine Unterschrift, kein Hinweis auf einen Absender, natürlich. Eine anonyme Drohung. Beermann hatte so etwas noch nie erlebt und saß wie versteinert vor dem Papier. Gewiss, anonyme Briefe kamen vor. Am häufigsten von verwirrten Geistern, die von Endgerichtsphantasien geplagt wurden, gerade in dieser Zeit der Jahrtausendwende, wo die Apokalypse Geburtstag feierte. Der Kirche, vorab ihren Theologen, wurde die Schuld an bevorstehenden Katastrophen in die Schuhe geschoben. Weil Teuflisches verkündet und die wahre Lehre verraten werde. Dann wurden gern Feuer und Schwefel über das Haupt des Angeschriebenen herabgerufen und ewige Höllenstrafen in Aussicht gestellt. Man las so etwas, entsorgte es in den Papierkorb und hatte es in der nächsten halben Stunde vergessen.

Hier allerdings lagen die Dinge deutlich anders. Das anonyme Schreiben war mit konkreten, aktuellen Bezügen versehen. Der Einbruch in die Sakristei wurde angesprochen und auf das Bild vom Kirchenboden angespielt. Die Warnung ließ schon durch die Art ihrer Versendung an Klarheit keine Wünsche offen: das Bild sollte beseitigt und vergessen werden. Sonst könnte etwas passieren, schlimmer als ein Einbruch in eine mangelhaft gesicherte Sakristei.

Beermann wusste nicht, was er anfangen sollte. Er fühlte, wie Angst in ihm aufstieg und dass die Hände feucht wurden, die das Drohpapier hielten. Ohne sein Zutun war er in eine Sache hineingeraten, die ihm über den Kopf wuchs. Natürlich würde er dem Inspektor berichten, was vorgefallen war, aber er hatte wenig Hoffnung, dass der Inspektor wirklich Hilfreiches in die Wege leiten würde. Er würde seine Notizen machen und erklären, dass dergleichen leider vorkomme, heutzutage. Und sich empfehlen.

Was jetzt?

Beermann hatte nicht den Nerv, vom leeren Pfarramt in die leere Wohnung hinüberzugehen, vielleicht die Reisetasche auszupacken und in der Küche festzustellen, dass es nichts zu essen gab. Er schob den Hausschlüssel in die Tasche, horchte noch einmal, bevor er die Haustür öffnete und hinaustrat, um in der Stadt ein Bier zu trinken. Oder zwei. Er verstand auf einmal, dass es Situationen gibt, in denen Menschen den klaren und zielführenden Entschluss fassen, sich in einer Kneipe ordentlich volllaufen zu lassen.

SAMSTAG, 8. APRIL 2000

Am folgenden Morgen litt er unter Kopfweh. Er warf sich den Anorak über und verließ das Pfarramt, um einige Besorgungen zu machen: Apotheke, Lebensmittel. Zugleich eine Chance zur Ablenkung und zum Nachdenken darüber, was zu tun und zu lassen sei.

Die spätgotische Kirche reckte Turm und Türmchen ins frühe Sonnenlicht. Tauben umflatterten den Glockenstuhl und krochen durch Nischen und Fensterluken. Drahtgitter, die vor Jahren angebracht worden waren, die Tauben auszusperren und eine Verkotung der Turmgeschosse zu unterbinden, waren an mehreren Stellen schadhaft geworden. Sie bildeten keine Barriere mehr.

Als Beermann am Eingangsportal vorbei und an der Kirche entlang geht, entdeckt er plötzlich zwei Füße, die in der windgeschützten Ecke aus den Büschen ragen. Er nähert sich den Füßen, die auf einmal seltsam verdreht wirken, nicht entspannt wie bei einem Schlafenden. Er räuspert sich und sagt ‚Hallo'. Erst mit leiser, dann mit erhobener Stimme. Keine Reaktion. Er zupft am Hosenbein des Liegenden und schüttelt ein wenig daran. Der Oberkörper ist von Zweigen und Blättern des Gebüschs verdeckt. Beermann tritt zur Seite und biegt das Gesträuch vorsichtig auseinander, mit klopfendem Herzen. Auf dem Boden erkennt er die eine Hälfte eines Gesichts, Blutspuren am Hals. Kein Zweifel: dieser Mann schläft nicht. Er ist tot.

Es gibt Momente von Hilflosigkeit im Leben, in denen alles still steht. Die Wahrnehmung bricht ab wie ein Film, der einen Riss hat und einfach nicht weiterläuft. Die Empfindungen stocken, als wäre ihnen die Luft abgeschnitten, die sie brauchen, um atmen und reagieren zu können. Der Verstand surrt in sinnlosen Kreisen wie eine sterbende Fliege auf dem Fensterbrett.

Irgendwann rappelt Beermann sich wieder auf, tritt aus den Büschen heraus und sieht sich um. Was ist hier eigentlich passiert? Er sucht Mesner Wilhelm und weiß, dass er ihn nicht finden wird. Er läuft um die Kirche herum und zurück ins Pfarramt, wählt die Notfallnummer, nennt die Adresse, läuft zurück an den Tatort.

Nach wenigen Minuten ertönt das Alarmsignal eines Polizeifahrzeugs. Bremsen, zugeschlagene Türen. Zwei Beamte eines Streifenwagens tauchen auf, und Beermann winkt sie zum Fundort. Ein Beamter beugt sich über den Toten, der andere trifft Vorkehrungen für eine Absperrung. Dann die üblichen Fragen: Wann genau der Mann entdeckt wurde und von wem? Ob Beermann eine Ahnung habe oder den Toten identifizieren könne. Er kann es nicht, und der Beamte kann es auch nicht, eine Brieftasche mit Personaldokumenten ist nicht auffindbar im Mantel oder in den Jackentaschen des Toten. Der Polizist macht sich Notizen und betont, dass alles bleiben müsse, wie es jetzt sei, bis die Spurensicherung und die Kollegen von der Mordkommission einträfen.

„Mordkommission?“, fragt Beermann entgeistert.

„Nach den ersten Beobachtungen vermute ich, dass ein Mord vorliegt“, sagt der Beamte. Es klingt sachlich wie bei einem Mechaniker in der Autowerkstatt, der dem Fahrzeughalter einen Motorschaden größeren Ausmaßes erklärt.

Beermann empfindet plötzlich Übelkeit und fragt sich, ob er den aufkommenden Brechreiz unter Kontrolle halten kann – und wie lange. Weitere Polizeiwagen sind inzwischen vorgefahren, alle mit viel Getöse und Anzeichen höchster Eilfertigkeit. Es ist der verrückte Widerspruch zum Tod, der Zeit hat, und zu dem Toten, der alle Zeit der Welt hat, wer immer er sei. Die Hast der Ermittlungsorgane erscheint wie eine absurde Kompensation der unumstößlichen Erfahrung, dass an einem Punkt wie dem gegebenen alles zu spät sein muss. Da ist etwas abgelaufen, eine Uhr, das Seilende über der Rolle eines alten Ziehbrunnens, ein Menschenleben. Es hat einen Ruck gegeben, den scharfen Schnitt einer plötzlichen Unterbrechung, und jetzt ist Ruhe eingekehrt, große Pause der angehaltenen Zeit.

Da er im Moment nicht gebraucht wird, verabschiedet sich Beermann mit der Bemerkung, er stehe zur Verfügung im Pfarramt. Adresse, Telefonnummer. Auf dem Weg ins Büro überfällt ihn die Ahnung, dass alles noch schlimmer kommen könnte. Und er würde mittendrin stecken und nichts verhindern können.

Kaum eine halbe Stunde später steht ein Herr vor der Tür, begleitet von einem zweiten, der einen Schreibblock in der Hand hält. Der Herr erklärt, er sei von der Kriminalpolizei, Mordkommission, sein Name sei Parler. Beermann wundert sich, dass es ein junger Mann ist, mit Lederjacke, offenem Hemdkragen und Brille.

„Eine böse Geschichte“, sagt Parler.

Beermann erzählt ihm, wie er die Leiche gefunden hat, das Wort will kaum über die Lippen. Der Kommissar hört aufmerksam zu und verzichtet auf Unterbrechungen. Beermann ist ihm dankbar dafür. Es gibt nicht viele Menschen mit dem charakterlichen Format, andere ausreden zu lassen.

„Sie haben keine Ahnung, um wen es sich handeln könnte?", fragt Parler, als Beermann geendet hat.

„Nein. Ich habe den Mann allerdings auch nur flüchtig angesehen."

Parler nickt. „Es ist natürlich ganz offen, wie der Mann dorthin gekommen ist. Die Schädeldecke am Hinterkopf ist eingeschlagen, so viel steht fest. Mit einem schweren, stumpfen Gegenstand wahrscheinlich. Aber das muss nicht am selben Platz geschehen sein. Wir haben auf dem Rasenstück vor den Büschen Schleifspuren gefunden, das legt die Möglichkeit nahe, dass der Tote erst nach seiner Ermordung in diese Ecke gebracht worden ist. Denkbar, dass er von anderswo herangeschafft und bei der Kirche abgeladen worden ist. – Aber das sind alles Vermutungen. Wir haben noch nichts Greifbares in der Hand. Die Leiche ist jetzt in die Pathologie gebracht worden, mal sehen, ob genauere Untersuchungen Hinweise ergeben, vielleicht wird eine Obduktion nötig."

„Ich muss Ihnen da noch etwas mitteilen, Herr Kommissar."

„Bitte?"

„Gestern Abend im Pfarramt – ich war gerade von ein paar Tagen Urlaub zurück und sah die Dienstpost durch – wurde ein Stein durchs Fenster geworfen. Eingewickelt in Papier. Und das Papier enthielt eine Botschaft."

Beermann holt den Zettel und überreicht ihn dem Polizisten.

„Donnerwetter", entfährt es diesem, „das ist aber interessant!"

Beermann erzählt vom Einbruch in die Sakristei, den ein Polizeikollege, Herr Knolle, („Ach, der Herr Knolle"!) aufgenommen und in Bearbeitung habe. Das „Ding", worauf der anonyme Brief Bezug nehme, könne nur ein Bild sein, das kürzlich auf dem Kirchenspeicher entdeckt wurde, als eine Frau aus der Gemeinde nach Gegenständen für einen Flohmarkt gesucht habe.

Das Bild lässt Parler sich knapp beschreiben, will es im Augenblick jedoch nicht sehen. „Das hat Zeit", erklärt er, „wir werden darauf zurückkommen." Die Veröffentlichung in der Zeitung war ihm entgangen, jedenfalls kann er sich nicht erinnern.

Als er sich verabschiedet und das Haus mit seinem Assistenten verlassen hat, fühlt Beermann sich erleichtert. Es ist, als wenn eine Bürde von ihm genommen und weitergereicht worden wäre.

Trotzdem macht er sich keine Illusionen. Die Presse wird bald Lunte riechen und alles genau wissen wollen. Sie wird um Kirche und Pfarrhaus herumschnüffeln. Auch die Polizei wird anhänglich sein und sich immer wieder melden. Neugierige aus der Gemeinde und darüber hinaus werden das Telefon belagern, begierig auf Informationen, wie man sie „durch die Zeitung eben doch nicht kriegt". Wichtigtuer werden sich melden und – wem auch immer – fahndungsförderliche Beobachtungen anvertrauen.

Beermann beschließt, sich eine Ruhepause auf dem Sofa zu gönnen, als das Telefon geht. Kommissar Parler.

„Herr Pfarrer, hier Parler. Ich habe eben mit einem Kollegen aus der Pathologie gesprochen. Halten Sie sich fest!"

Beermann wartet.

„Die Obduktion ist natürlich noch nicht erfolgt", sagt Parler, „aber eins ist klar. Der Tote war Jude."

Beermann merkt, wie ihm das Blut aus dem Kopf in die Beine sinkt. Er stammelt etwas, das kein Mensch verstehen kann und das auch keinen Sinn ergibt. Was sollte auch schon Sinn ergeben in diesem Augenblick? Er hat in einer fahrigen Bewegung den Hörer einfach aufgelegt, hat sich umgedreht, ist in sein Zimmer gegangen und sitzt nun am

Schreibtisch vor dem Fenster. Ein Jude ermordet, dicht bei der Kirche – was soll das bedeuten? Wie viele Juden gibt es in der Stadt? Paar tausend, ohne die vor einigen Jahren Zugewanderten aus Russland wären es bloß ein paar hundert. Persönlich begegnet ist er selbst verschwindend wenigen, an den Fingern einer Hand ließen sie sich abzählen, und die meisten seiner Generation, die jüngeren erst recht, haben niemals einem direkt in die Augen gesehen. Es wurde ja konsequent aufgeräumt mit ihnen in der Vergangenheit, gar so viele sind nicht übrig geblieben und zurückgekehrt ins Land ist kaum jemand. Und unter denen wird nun anscheinend weiter aufgeräumt, und man steht daneben, wie Eltern und Großeltern früher daneben gestanden haben, und man hat wieder nichts geahnt und wieder nichts gewusst und ist trotzdem beteiligt, denn es geschah vor der eigenen Haustür.

Noch einmal das Telefon. Und noch einmal Kommissar Parler. Beermann habe ihn vorhin wohl aus Versehen abgehängt, sagt er verständnisvoll, aber er müsse nun doch noch mal nachhaken. Die Tatsache, dass es sich bei dem Ermordeten um einen Juden handle, rücke die ganze Angelegenheit in eine neue Dimension. Ein Mord an sich sei schlimm genug, aber Mord an einem Juden, das bekomme sofort eine politische Qualität. Das sei überaus heikel. Da würden sich jetzt viele Ämter und viele berufene und unberufene Personen zu Wort melden und unangenehme Fragen stellen, mit schwer erfüllbaren Forderungen.

Beermann ahnt, dass die Sorgen des Kommissars ihre Berechtigung haben, aber es sind jetzt nicht seine. Er ist ganz woanders, hat das Bild des kleinen jüdischen Friedhofs in Buttenhausen vor Augen, oben am Hang über dem Albdorf. Die Grabsteine mit den verwitterten Inschriften und den hebräischen Buchstaben. Bei diesen Steinen wird die

Geschichte von Juden zur Geschichte einzelner Personen, denkt er. Personen mit einem Gesicht, einem Namen, einem Leben und einem Tod. Keine abstrakte Zahlensumme, Hekatomben von Opfern, deren Nennung erschauern, aber nicht mitfühlend macht. Jetzt ist da einer ganz in seiner Nähe, ein einzelner Jude mit einem Gesicht, wenn auch unbekannt, und er ist Opfer geworden, hingeworfen unters Gesträuch wie Abfall, und er selbst – Beermann – hat ihn gefunden, ohne zu wissen, wen er fand. In Buttenhausen liebt er das lokale Gegenüber: der jüdische Friedhof auf der einen Talseite, der christliche auf der anderen. Was nicht einfach zusammengehen konnte, weil zu viel dazwischen lag, trat doch einander gegenüber, sich grüßend übers Tal und über das Dorf der Lebenden hinweg. So viel Nähe zueinander, selbstverständliche, unverkrampfte Nähe – das ist lange her. Erstaunlich, dass es überhaupt einmal möglich war. Inzwischen bleibt, bei Feststellung des Mordes an einem Juden, bloß die Fassungslosigkeit und ein Eiertanz aus Verlegenheiten zurück, der sich in den Befürchtungen des Kommissars bereits ankündigt. Wo einmal alles gründlich verkehrt gemacht wurde, kann nichts mehr einfach richtig werden.

Der Kommissar erkundigt sich, ob Beermann noch da sei. Er bejaht. Es sei ihm wichtig, sagt Parler, dass der Pfarrer bei erbetenen Auskünften umsichtig zu Werke gehe. Vor allem bei Presseleuten. Da gebe es Windhunde, die nähmen mit Leichtigkeit eine Witterung auf und blieben unerbittlich dran. Sie würden ihn belagern.

„Ich denke, dass ich aufpassen kann“, sagt Beermann.

„Möglich“, erwidert der Kommissar „aber ihr Kirchenleute seid manchmal ein bisschen weit weg von der Welt und ihren Machenschaften.“

„So sagt man gern, Herr Kommissar, ich weiß.“

„Ja, und dann möchte ich noch mal die Ereignisse, die wichtig sein könnten, chronologisch zusammenbringen. Darf ich Sie darum bitten?"

Beermann verspricht ihm eine Liste. Wenn es denn der Aufklärung des Falles dienlich sei.

MONTAG, 10. APRIL 2000

Es kam, wie erwartet.

Das Telefon ist auf Touren, die Sekretärin auch. Ihr Gesicht ist gerötet vor Aufregung, ab und zu bricht sie einfach in Tränen aus.

Ostendorf erweist sich als Juwel. Er stellt sich der Aufgabe des Ratsvorsitzenden, hat zwei Tage Urlaub genommen und ist ständig ansprechbar. Wimmelt ab, was bloß neugierig ist, arrangiert Kurzinterviews, hält Verbindung mit der Polizei, beruhigt ängstliche Mütter, die wissen möchten, wie riskant es sei, die Kinder in den Gemeindekindergarten zu schicken.

Vom Kommissar Parler war zu erfahren, dass der Tatbestand des Mordes zweifelsfrei sei. Dem Mann wurde buchstäblich der Schädel eingeschlagen. Seine Identität aber sei weiterhin ungeklärt. Man habe Vertreter der Jüdischen Gemeinde gebeten, den Toten anzusehen. Das Ergebnis sei negativ gewesen, niemand habe ihn gekannt. Dass er aus der Stadt oder der näheren Umgebung stamme, sei deshalb äußerst unwahrscheinlich. Natürlich könne das Fehlen der Brieftasche auch bedeuten, dass ein Fall von Raubmord vorliege, wenn in erster Linie nicht Papiere, sondern Geldscheine gesucht wurden. Die Tageszeitungen würden ein Bild des Toten veröffentlichen, vermutlich auch die lokalen Nachrichtensendungen im Fernsehen, zusammen mit dem Gemälde vom Kirchenboden. –

Beermann hat das Bild in seine Wohnung genommen, betrachtet es wieder und wieder und findet den Schlüssel nicht, der dessen Geheimnis offenbaren könnte. Der Holzrahmen ist unscheinbar und ohne jeden Hinweis. Die Rückseite besteht aus starker Pappe, mit Schmutzflecken an mehreren Stellen und mit einer aus Tuch gefertigten und in einer Ecke aufgesetzten Lasche. Sie ist offen und leer. Beermann prüft, ob irgendetwas zwischen Gemäldebogen und Papprückwand stecken könnte, löst die einfache Verklammerung mit einem Messer…

Fehlanzeige.

Die Montagsausgabe der Zeitung mit den großen Lettern wird ihm hereingereicht von der Sekretärin – mit dem Judenmord als Aufmacher auf der ersten Seite. Weiß der Henker, woher die so rasch ihre Informationen beziehen! Eine Seitenansicht der Kirche wird gleich mitgeliefert, um der Ungeheuerlichkeit einen zusätzlichen Effekt zu verleihen. Sind wir schon wieder an einem Punkt, wo Morde an jüdischen Mitbürgern hingenommen werden müssen? fragt das Blatt. Und was hat die Religion damit zu tun? Schwer vorstellbar, dass die Leiche rein zufällig neben einer Kirche gelegen hat! –

Bettina täte ihm jetzt gut.

Er könnte sie ansehen und die Gewissheit haben, dass sie da ist. Ihre Schritte auf dem Fußboden könnte er hören, den Duft ihres Parfums schmecken, mit ihr reden, auch streiten, egal. Sie würde ihn umgeben mit einer vertrauten Aura, einer unsichtbaren Schutzhaut, die ihm das Gefühl von Verlassenheit nehmen würde. Gegen Abend erscheint der Dekan mit einer Delegation aus der Jüdischen Gemeinde. Sie waren angemeldet und trotzdem wirkt Beermann irritiert und fahrig, als sie vor der Tür stehen. Er bittet die Herren herein. Anzubieten hat er nichts, kein Getränk, kein Gebäck… er bittet um Verständnis, seine Frau sei seit einer Weile verreist, und Strohwitwer seien nun mal miserable Gastgeber. Die Besucher zeigen sich freundlich, winken nachsichtig ab und lassen sich um den großen Tisch im Wohnzimmer nieder.

Es geht bemerkenswert unaufgeregt zu. Der Rabbiner räumt ein, dass der Vorfall Schrecken ausgelöst habe, natürlich. Sie lebten eben, jeder mit seiner persönlichen Familiengeschichte, auf dünnem Eis sozusagen. Das Eis erlaube es, aufrecht zu stehen, aber mit Vorsicht. Das Verhängnis sei immer nahe dabei, drohend unter den Füßen wie die Tiefe des Wassers unter dünner Eisdecke. Die Möglichkeit einzubrechen sei allgegenwärtig, manchmal bildeten sich Risse im Eis, und Wasser trete hervor aus dem Abgrund, das mache Angst und schaffe Träume, quälende Träume. Ob der Pfarrer das verstehen könne? Und dann ereigne sich so etwas wie vor wenigen Tagen, der Mord an einem Juden. Man hat Befürchtungen, welche Geister da aus ihren Löchern gekrochen sein mögen und die Luft verpesten und Menschen behexen, aber man weiß nichts Genaues.

Er sagt es ruhig, ohne Vorwurf oder Bitterkeit. Aber fragen möchten die Besucher doch, ob der Pfarrer sich vorstellen könne, dass der oder die Täter aus der Kirchengemeinde kämen. Ob er Antisemitismus beobachtet hätte. Ob es Rechtsextreme in der Gemeindejugend gebe. Wie der Pfarrer reagieren würde, wenn sich anlässlich des Mordes an einem Juden gleich neben der Kirche außer den Stimmen der Betroffenheit auch Stimmen der Genugtuung, der Häme melden sollten. Die Fragen sind schnörkellos direkt. Beermann empfindet die große Anstrengung, sie angemessen zu beantworten, während sich sein Dekan in Schweigen hüllt.

Schließlich bitten sie, das Bild sehen zu dürfen. Beermann holt es und stellt es vor ihnen auf. Sie lassen sich Zeit bei der Betrachtung. Der Rabbiner nickt nachdenklich, kneift die

Augen zu einem Spalt zusammen: „Ich dachte es schon bei der Abbildung in der Tagespresse."

„Was dachten Sie?"

„Es ist vermutlich jüdisch."

„Ach!", entfährt es Beermann.

„Kein einziges christliches – eindeutig christliches – Motiv dabei." Und mit einem spitzbübischen Lächeln: „Aber das meiste habt ihr sowieso von uns abgekupfert – oder nicht? Die Feste, den Gottesdienst, die Ethik der Zehn Gebote, die Psalmen. –

Das Bild hier ist auch voll von jüdischem Gut. Der angedeutete Berg, aus dem der Stamm herauswächst, ist natürlich der Sinai. Der Baum, der sich gabelt, ist Baum des Lebens und Baum der Erkenntnis des Guten und Bösen. Links die Wanderung ins Exil oder auch in die Scheol, das Reich der Toten, symbolisiert durch Leviathan. Rechts so etwas wie Wallfahrt zum Zion, zum Fest ohne Ende, also Erlösung von aller Schmach, Exodus aus dem Totenreich."

„Die Zeitungsredakteurin, der ich das Bild zeigte, hatte ganz andere Assoziationen." Beermann kann sich den Einwurf nicht verkneifen. „Sie dachte an Sexualsymbolik, der Mensch im Spalt zwischen den beiden Bäumen, an Goethes Faust und die Walpurgisnacht und Mephistos wüsten Traum von einem gespaltenen Baum."

Der Rabbiner lächelt wieder und nickt: „Warum nicht? Symbole setzen Mehrdeutigkeit frei, sonst taugen sie nichts. Und es ist auch gar nicht so himmelweit auseinander, denn auch die Geschichte von den Bäumen des Paradieses – wenn sie so erzählt wird, dass sie aus gemeinsamem Stamm wachsen und sich dann scheiden und der Mensch da steht mitten in der Scheide, wenn Sie so wollen, mitten im Riss – es ist die Geschichte vom Sündenfall, vom Anbruch des Verderblichen, und zwar im Milieu des Sexuellen."

„Mit einer Wirkungsgeschichte randvoll von moralischen Verklemmungen“, wirft Beermann ein.

Der Rabbiner lächelt immer noch: „Das ist mehr euer Problem, die prüde protestantische Lesart dieser Geschichte. Nein, jüdisch ist die Entdeckung der wunderbaren Möglichkeit dessen, was wir *Erkenntnis* nennen. Da ist Faszination und Schrecken zugleich. *Erkenntnis* nun nicht im Sinne der rationalen Griechen, sondern viel elementarer und dynamischer. Als Kraft und Lust, buchstäblich einzudringen in das Andere, Fremde. Nehmen Sie das ruhig erst mal in seiner sexuellen Bedeutung: die Lust und die Kraft einzudringen in das Andere. Das ist nicht da, bevor vom Baum der *Erkenntnis* genossen wird, das kommt erst nachher, nach dem Sündenfall. Und bitte, das Hebräische leistet sich ja auch diese Pointe, den ersten Sexualakt als *Erkenntnis*-Akt anzusprechen: Und Adam *erkannte* sein Weib Eva.“

Einer der Vorstände ist ein wenig ungeduldig geworden: „Das ist unser Kummer, dass der Rabbiner so gescheit ist, wenn er erst in Fahrt kommt, dann findet er kein Ende und verbreitet sich über das halbe Universum, auch bei der Predigt in der Synagoge.“

„Ein Pfarrer darf über alles reden, bloß nicht über zwanzig Minuten, sagt ein alter Witz bei uns“, ergänzt Beermann.

Der Rabbiner hebt beide Hände und verteidigt sich: „Moment! Ich schweife keineswegs ab. Man kommt dem Bild hier nämlich nicht auf den Grund, wenn man die angedeuteten Zusammenhänge übersieht. Entscheidend sind das Auseinandergehen der beiden Stämme und der Mensch dazwischen. Der Baum des Lebens ist keine reale Möglichkeit mehr, geblieben ist der Baum der Erkenntnis – und mit ihm die ganze Ambivalenz des Erkennens, dieses Eindringens ins Fremde. Es kann die Tendenz haben zu erobern, zu beherrschen, zu vergewaltigen. Das ist die Macht, die letzten Endes ins Elend führt und in den Tod. Es ist aber auch die andere Tendenz möglich bei solchem Eindringen ins Fremde. Das ist die Erkenntnis der Thora, der Weisungen Gottes, wie sie unter den Bedingungen unserer Endlichkeit gültig sind. Eindringen in das Wort der Schrift, Sinnen darüber Tag und Nacht. Das ist nicht schon das Kosten von den Früchten des Lebensbaumes, aber es ist immerhin etwas. Erkennen nach der Weise der Thora lässt wenigstens ahnen, was auf der anderen Seite, der Erfüllungsseite des Lebensbaumes, auf die Gerechten am Ende noch alles an Herrlichkeiten wartet."

„Wenn ich richtig verstehe", sagt einer, „dann reden Sie jetzt sehr einschränkend von der Bedeutung der Thora."

Der Rabbiner klatscht in die Hände wie ein Kind, das sich über ein gelungenes Kunststück freut. „Allerdings", sagt er, „genauso ist es. Und genau diesen Geist, diese Stimmung strahlt das Bild aus. Wenn es jüdischer Herkunft ist (und ich zweifle keine Sekunde daran), dann stammt es bestimmt nicht aus rabbinischen Kreisen, sondern aus einer mystischen Nebenströmung. Kurz: Ich halte das Ganze für kabbalistisch – oder wenigstens durch Einflüsse aus der Kabbala geprägt."

„Geht das denn überhaupt zusammen – jüdische Frömmigkeit und bildliche Darstellung?", möchte der Dekan wissen. „Gilt nicht das alte Bilderverbot?"

„Doch natürlich", erwidert der Rabbiner, „das Bilderverbot gilt und es hat die bildende Kunst in der Geschichte des Judentums sicher beschränkt. Ähnliches kennt ihr aber auch aus eurer Geschichte. Plötzlich fegt die religiöse Radikalität eines Bildersturms durchs Land und macht aus bunten katholischen Kirchen weiß getünchte protestantische Lagerhallen. Das ist also da, und es war immer mächtig. Aber das andere war eben auch da, und es war im Grunde nicht weniger mächtig. Sehen Sie, da gab es am Ausgang der Antike schon Synagogen mit herrlichen Bodenmosaiken, natürlich mit ornamentalen Stücken, aber auch mit Tierdarstellungen, Opferszenen. Die Synagoge von Hammath-Tiberias hatte ein Mosaik mit Helios und den Tierkreiszeichen, stellen Sie sich das mal vor! Und dann – und das bringt uns wieder näher zu unserem Bild – die ganze aufwändige Buchmalerei."

„Jüdische?"

„Aber gewiss jüdische!"

Einer der Besucher räuspert sich vernehmlich, doch der Rabbiner ignoriert es und fährt fort: „Ich denke etwa an die Ambrosianische Bibel, süddeutsche Schule der jüdischen Buchmalerei, die damals Verbindungen zu kabbalistischen Kreisen unterhielt. Gefertigt wurde sie in Ulm und befindet sich heute in der Biblioteca Ambrosiana in Mailand.

Und nun kommt's, meine Herren, warum ich mir ziemlich sicher bin, dass unser Bild hier, natürlich Jahrhunderte später gemalt, nicht nur jüdisch sein dürfte, sondern genauer: kabbalistisch. Zwei maßgebliche Elemente des Bildes, der Fisch oben links und die Festtafel mit den Tierkopf-Gestalten unten rechts finden sich gerade so auf einer Miniatur der Ambrosianischen Bibel, nicht nur der Thematik, auch der Gestaltung nach. Bei dem Fisch ist der Körper zu einem Kreis gekrümmt, so dass Maul und Schwanzende einander berühren. Die endzeitlichen Gerechten tragen die Köpfe von Hirsch, Löwe, Adler, Bär und Stier. Das ist auf diesem Bild auch so, es ist an dieser Stelle nur leider beschädigt."

„Eigenartig", meint einer.

„Das macht uns nun ein ordentliches Stück gescheiter", sagt Beermann, „aber es wird im Grunde immer rätselhafter, was dieses Bild auf unserem Kirchenboden zu suchen hat. Wie es dahin kam, wem es gehörte und wer vom Wiederauftauchen des Bildes derart aus der Fassung gebracht werden konnte, dass er, wie es scheint, nicht einmal vor einem Mord zurückschreckt."

„Viele Fragen", bestätigt der Rabbiner, „aber ich denke, es sind die richtigen. Alles wird davon abhängen, ob es gelingt, die Antworten zu finden."

MITTWOCH, 12. APRIL 2000

Mit einem Einkaufzettel in der Hand trifft Beermann in der Drogerieabteilung des Supermarkts auf Meike Antusch.

„Schön, dass ich Sie sehe“, sagt er, „ich brauche ein Mittel für meine Spülmaschine, was nimmt man da am besten?“

Sie berät ihn.

Man plaudert ein wenig, stellt fest, dass in Kürze Ostern sei, dass die Karwoche wieder kräftig auf die Stimmung drücken werde und dass der Aufstieg aus der düsteren Krypta in den Morgen nach der Osternachtfeier sich stets wie eine Entdeckung des Lichts ausnehme. Man berührt außerdem diese und jene Belanglosigkeit und verabschiedet sich.

Als Beermann sich umdreht, um das empfohlene Spülmittel aus dem Regal zu greifen, hält ihn Frau Antusch sacht am Arm fest: „Ach, wo ich Sie gerade treffe…“, sagt sie leise und schaut ihn bittend an.

Es ist immer dasselbe. Du kannst Besuche machen bei den Leuten in ihrer Wohnung, denkt Beermann, man sitzt beieinander, trinkt einen Kaffee, redet über tausend Dinge, und wenn du den Hut schon in der Hand und den ersten Schritt über die Schwelle nach draußen getan hast, wirst du aufgehalten. Unter dem Druck des Abschieds kommt endlich zur Sprache, was die ganze Zeit vorher zwanghaft verschwiegen wurde. Das Entscheidende geschieht immer fünf Minuten vor zwölf.

Meike Antusch zieht Beermann vom Regal weg in eine kleine Nische zwischen den Warenständen: „Entschuldigen Sie, aber ich weiß irgendwie nicht weiter."

„Wo drückt der Schuh?"

„In der Familie. Manchmal denke ich, wie das zugehen kann. Da hat man so lange gelebt miteinander, die Wege von einem zum andern waren ganz kurz und leicht begehbar, und plötzlich sind da lauter Barrieren und Wände, so dass kein Durchkommen mehr ist."

„Stimmt etwas nicht mit Ihrem Mann?"

„Auch, ja, aber Robert ist nicht das eigentliche Problem. Sorgen macht mir Thomas."

Also der Sohn. Beermann erinnert sich an das Gespräch, das er kürzlich beim Schachspiel mit Vater Antusch hatte. An dessen Andeutungen über vermutete Fehlentwicklungen bei seinem Sohn. An gewisse Anzeichen von faschistischer Verblendung bei ihm. Antusch hatte ihn beschworen, ein Gespräch zu suchen mit Thomas, den er konfirmiert hatte und zu dem es vielleicht noch einen Zugang gab, von seiner Seite her. Er hatte die Sache abgewimmelt und einfach auf sich beruhen lassen. Jetzt merkt er, dass er sich billig entzogen hat. Kein Ruhmesblatt für den Seelsorger. Er hat gekniffen, das war es.

„Thomas hat sich sehr verändert", hört er Meike Antusch neben sich, „er war so ein guter Junge. Sie werden jetzt denken, das meint jede Mutter von ihrem Kind. Aber es stimmt. Er vertraute mir, und ich konnte ihm vertrauen. Erzählt hat er mir alles, was er machte und was ihn beschäftigte. Es gab keine Geheimnisse zwischen uns und keine Verdachtsmomente. Aber plötzlich, noch gar nicht lange her, fing er an, sich zurückzuziehen. Wenn ich ihn fragte nach seinen Unternehmungen in der Freizeit, gab er nur knappe und mürrische Antworten oder gar keine. Abends war er oft außer Haus. Das ist an sich nicht auffällig bei einem Jugendlichen, ich weiß, aber er kam immer wieder angetrunken heim und war dann überhaupt nicht ansprechbar. Seine kleine Freundin aus der Schulklasse habe ich neulich auf der Straße getroffen, und sie hat mir erzählt, dass mit Thomas nichts mehr sei. Sie habe sich gelöst von ihm, weil er so komisch geworden sei und blöde Sprüche drauf gehabt habe über die Verschwörung des Weltjudentums und einen notwendigen Widerstand zur Rettung der Deutschen."

„Ähnliche Sachen habe ich auch schon von Ihrem Mann erfahren", sagt Beermann und fühlt sich unwohl in seiner Verlegenheit.

„Robert kann überhaupt nicht umgehen mit der Situation", ereifert sich Meike Antusch. „Er spielt den strengen Vater und droht mit Konsequenzen, die er selber nicht übersieht. Mehrmals hat er den Jungen angebrüllt wie verrückt und natürlich gar nichts erreicht. Thomas kriecht nur tiefer hinein in sein Schneckenhaus. Und wenn ich bei Robert ein gutes Wort einlege für den Jungen, bekomme ich selber seinen ohnmächtigen Zorn zu spüren. Ich hätte mir das in meinen größten Ängsten nicht träumen lassen, aber es ist leider wahr: Da ist eine richtige Eiszeit ausgebrochen in unserem Haus."

Sie fingert ein Tuch aus ihrer Tasche und schnäuzt sich.

Beermann steht dabei und fühlt sich leer. Wenn ich eine Frau wäre, könnte ich sie wenigstens in den Arm nehmen, überlegt er. –

„Da ist noch etwas." Frau Antusch steckt ihr Taschentuch weg und blickt Beermann mit einem verweinten Gesicht offen in die Augen.

„Robert hat mir erzählt, dass ein Stein mit einer Botschaft durchs Fenster des Pfarramts geworfen wurde. Die Botschaft hatte mit dem Bild von Ihrem Kirchenspeicher zu tun. Und sie war mit ausgeschnittenen Druckbuchstaben aus der Tageszeitung zusammengesetzt."

Beermann nickt und ahnt Schlimmes.

„Als Thomas gestern in der Schule war, verspürte ich den unwiderstehlichen Drang, in sein Zimmer zu gehen und in seinem Schreibtisch nachzusehen. Ich habe so etwas bisher nie getan. Auch wusste ich gar nicht recht, was ich eigentlich suchte. Es war wie ein geheimer Wink, dem ich folgte, auch wenn mir bewusst war, dass ich einen schweren Vertrauensbruch beging. Aber es war ja bereits zerbrochen – das Vertrauen zwischen uns."

„Und Sie fanden…?", drängt Beermann.

„Ich fand eine Zeitung. Als ich sie auseinanderfaltete, fiel mir auf, dass einige Überschriften ausgeschnitten waren. Erst kam mir das bloß eigenartig vor, aber dann dämmerte mir ein möglicher, schrecklicher Zusammenhang mit dem Steinwurf ins Pfarramt. Nicht auszudenken, wenn Thomas mit dieser Sache zu tun hätte. Ich weiß überhaupt nicht, was ich machen soll."

„Haben Sie Thomas angesprochen auf Ihre Entdeckung oder Ihrem Mann davon erzählt?"

„Um Himmels willen, nein!", ruft sie erschrocken. „Das würde ja eine Katastrophe auslösen, und so wie jetzt ist es grade unerträglich genug."

Beermann tritt unruhig von einem Fuß auf den anderen. Man müsse eigentlich der Polizei Bericht erstatten, stellt er fest. Frau Antusch ist entsetzt, wirft beide Hände vors Gesicht und stammelt: „Aber das… aber grad deshalb… das hab ich jetzt doch Ihnen mitgeteilt, weil ich es der Polizei auf keinen Fall melden kann!"

Beermann versteht und weiß auch nicht weiter.

Die Angelegenheit ist brenzlig, und er macht sich strafbar,

wenn er eine Auskunft unterschlägt, die für die laufenden polizeilichen Ermittlungen relevant sein dürfte. Auf der anderen Seite ist er Pfarrer und könnte sich auf die Verschwiegenheitspflicht bei seelsorgerlichen Gesprächen berufen.

„Könnten Sie nicht mal versuchen, mit Thomas zu reden?“, schlägt Meike Antusch vor. Beermann ist nicht begeistert.

„Das hat Ihr Mann auch schon gemeint“, seufzt er.

„Und?“

„Ich hab's ihm abgeschlagen, weil ich mir nicht vorstellen konnte, bei dem Jungen auf die Bereitschaft zu stoßen, sich mir mit seinen Geheimnissen anzuvertrauen.“

„Damals war die Situation noch anders“, wendet Frau Antusch ein.

Sie hat Recht. Beermann weiß, dass er damals noch unbefangen und im Grunde unbeteiligt war.

Das ist er jetzt nicht mehr.

* * *

Mit der Einkauftasche aus dem Supermarkt heimgekehrt, findet Beermann die Wohnungstür nur angelehnt. Er ist sich sicher, dass er sie bei seinem Weggang verschlossen hat. Er mag ja schlampig sein, wie er will, aber die Wohnungstür abzusperren, ist ihm ein verinnerlichtes Gesetz, das er nicht einmal im Schlaf verletzten würde. Vorsichtig drückt er die Tür auf, lauert in den Flur. Er schleicht übers Parkett, lugt um die Ecke zur Küche und sieht Bettina, die sich bei der Anrichte zu schaffen macht.

Er räuspert sich, und Bettina fährt herum.

„Mein Gott, hast du mich erschreckt“, ruft sie.

„Na, einen Grund, erschrocken zu sein, hätte doch eher ich“, verteidigt sich Beermann. „Ich komme bepackt mit

Einkaufsachen nach Hause und muss feststellen, dass eingebrochen worden ist." Er sagt es und fühlt eine Welle von Wohlbehagen aufsteigen, dass ihm ganz kribblig wird im Bauch. Bettina hat eine Küchenschürze umgelegt und die Haare gelöst und macht den Eindruck, nicht eine Stunde außer Hause gewesen zu sein.

„Vom Salz hast du auch kein Körnchen übrig gelassen", sagt sie, als sie den Steinguttopf in den Küchenschrank zurückstellt.

Dann dreht sie sich angriffslustig zu ihm hin, stemmt beide Hände in die Hüften und erklärt: „Nicht, dass du meinst, ich hielte es für einen Fehler, fortgegangen zu sein. Schon eher war's ein Fehler zurückzukommen."

„Ich liebe deine Fehler", schmunzelt Beermann.

Er hätte gleich in den Keller stürzen und eine Sektflasche heraufholen und entkorken mögen, aber Bettina fesselt ihn mit ihrem Blick an seinem Standort beim Türpfosten.

„Es wäre schäbig gewesen, dich jetzt einfach im Stich zu lassen", fährt sie fort. „Du bist ja ganz ordentlich in die Klemme geraten. Ein bisschen Daumenschraube, das hätte ich dir schon gegönnt, mein Lieber. Und es hätte mich nicht dazu veranlasst, Heimweh zu bekommen. Aber was zu viel ist, ist zu viel. Dass du bei einem alten Bild im Dunklen herumtappst, fand ich anfangs ganz vergnüglich. Aber das Bild birgt ein Geheimnis und zieht anscheinend Unglück an wie ein Magnet die Eisenspäne."

Beermann nickt und schweigt.

„Völlig umgeworfen hat mich aber die Mordgeschichte. Natürlich ist mir bekannt, dass es nicht deine Sache ist, das Verbrechen aufzuklären. Aber wie ich dich kenne, wirst du es nicht unterlassen, herumzupfuschen in dem Fall und deine eigenen Nachforschungen aufzunehmen, mit und ohne Kenntnis der Polizei. Das hat mich alarmiert! Du bist imstande, dich mit deinem Talent für Missgeschicke in Gefahr zu begeben, und wenn es dich erwischt und du nachher überhaupt noch ein Wort reden kannst, wirst du es fertig bringen, dich zu wundern, dass dir so etwas passieren konnte."

Bettina ist zornig, und Beermann findet sie wunderschön in ihrem Zorn. Er steht bloß da an seinem Türpfosten und schaut sie an.

„Deshalb bin ich zurückgekommen", beschließt Bettina ihre Ansprache, „um dich vor dir selbst zu schützen. Es ist eigentlich die Aufgabe, die ich in unseren gemeinsamen Jahren immer gesehen und zu erfüllen versucht habe, mit gemischten Erfolgen. Und anscheinend ist es mein Schicksal, dabei bleiben zu müssen."

Beermann bewegt sich langsam auf sie zu, nimmt sie in die Arme, streichelt den Kopf, den sie sacht an seine Schulter lehnt, küsst das Haar, in das sich schon einzelne graue Fäden geschmuggelt haben, und ist glücklich.

„Wir werden die Sache überstehen – miteinander", flüstert er.

„Und wehe, wenn du dir nicht helfen lässt dabei!" Bettina sieht zu ihm auf und droht mit dem Finger. Aber ihre Augen sind voll Lachen.

* * *

Das Abendessen war eine Delikatesse, und Beermann kultivierte den Eindruck, niemals so köstlich gespeist zu haben sein Leben lang. Es hatte Kalbsmedaillons in pikanter Tunke gegeben, sein Leibgericht, dazu Rösti und Salat, und er hatte einen seiner vorzüglichsten Lemberger beigesteuert, dem sie beide unbeschwert zusprachen. Wie auf Vereinbarung hatten sie über allerlei gesprochen, aber die jüngsten Ereignisse ausgespart. Man würde früh genug wieder damit zusammenstoßen.

Gegen Mitternacht treten sie, ein wenig erhitzt vom Wein und vom Glück eines Neubeginns, hinaus auf den Balkon, um frische Luft zu schöpfen. Der Himmel ist klar, und trotz des Dämmerlichts, das über der Stadt liegt und auch des Nachts niemals ganz schwindet, sehen sie ein paar Sterne und langsam wandernde Lichtpunkte ferner Flieger.

Beermann wendet sich zur Kirche hinüber und wundert sich, dass die Fensterluke in der Speicheretage erleuchtet ist. Nachts kurz vor zwölf. Er möchte jetzt nicht gestört werden; nicht in diesem Moment, in dieser Nacht und nicht mit einem Teil jener bösen Geschichte, die er für ein paar Stunden beinahe vergessen konnte. Vielleicht ist ja bloß versäumt worden, den Lichtschalter zu bedienen, als jemand den Speicher verlassen hat. Aber vielleicht ist auch gerade in diesem Moment jemand droben. Mesner Wilhelm steigt ja ab und zu hinauf, um die Zeitangabe der großen Turmuhr zu korrigieren. Das macht man vom alten mächtigen Uhrwerk aus, das in der vorderen Ecke des Speichers aufgestellt ist. Aber Wilhelm – diensteifrig unterwegs um Mitternacht? Das ist praktisch auszuschließen.

„Das Licht auf dem Speicher", sagt Bettina an seiner Seite, „ich hab's auch bemerkt. Und wenn du hinauf willst, mein Lieber, gehe ich mit."

Beermann ist einverstanden. Er nimmt den Kirchenschlüssel und wählt den Weg durch die Sakristei. Eine Taschenlampe, die dort bereitliegt, lässt sie weiter kommen, ohne die große Beleuchtung einzuschalten. In der Kirche ist es still und dunkel. Beermann führt den Strahl der Lampe rasch über die Bänke, den Altarraum, die Gänge entlang, zur Vergewisserung, dass niemand da ist. Sie wenden sich leise zum Ausgang und dort rechts zur Treppe, die auf die Empore und weiter zum Speicher führt.

Auch hier ist alles dunkel, die Treppenbeleuchtung, die

man etagenweise schalten kann, ist aus. Sie bleiben stehen und lauschen. Da! Ein scharrendes Geräusch von oben, als wenn ein schwerer Gegenstand über die Holzdielen geschleift würde. Und Tritte. Also ist doch jemand auf der Bühne! Beermann fühlt sich nicht wohl in seiner Haut, flüstert mit seiner Frau und erwägt, ob es nicht gescheiter sei, umzukehren und die Polizei zu verständigen. Bettina schüttelt energisch den Kopf und ist unbedingt dafür herauszufinden, was sich um diese Zeit dort oben abspielt. Sie versuchen, lautlos die Stiege zur Bühne zu nehmen, das ist nicht einfach bei knarrenden Stufen. Jetzt noch die Tür, dann muss es sich zeigen.

Beermann öffnet und erkennt niemanden. Die Lampe brennt. Er ruft: „Hallo, ist da jemand?“ Aus dem hinteren Teil des Speichers, der von der Lampe nicht erhellt wird, löst sich eine Gestalt. „Ich bin's ja nur, Herr Pfarrer“, sagt diese, und Beermann weiß: es ist der Mesner. Er hält ihm vor, dass es merkwürdig sei, wenn er mitten in der Nacht auf dem Speicher herumfuhrwerke, das habe ihm einen ziemlichen Schrecken eingejagt.

Wilhelm mustert den Pfarrer und seine Frau, die hinter ihm zum Vorschein kommt.

„Das verstehe ich nicht“, erklärt er mit einiger Entrüstung, als er vollends über Kisten und Kästen ins Freie gekrochen ist.

Beermann weist darauf hin, dass die beleuchteten Fensterluken von seinem Balkon aus zu sehen waren.

„Ach so“, sagt Wilhelm, „tut mir leid.“

Er wischt sich beide Handflächen an den Oberschenkeln ab und macht Miene, den Ort seiner nächtlichen Beschäftigung zu verlassen.

Bettina hält ihn jedoch zurück und erklärt, sie sei neugierig zu erfahren, was ihn veranlasse, um diese Zeit auf dem Kirchenspeicher tätig zu sein.

Er sieht sie an, als missbillige er den Vorwurf in ihrer Frage. Dann sagt er: „Die Uhr ging vor, mehr als fünf Minuten. Sie wissen: Ich bin verantwortlich für die Uhr und dafür, dass sie die korrekte Zeit angibt. Also bin ich hier heraufgestiegen und habe sie ein paar Minuten angehalten. Sie können sich selbst überzeugen, dass sie jetzt richtig läuft, auf die Sekunde genau. Das tut sie nie, wenn man sie nicht gerade gerichtet hat."

„Bevorzugen Sie für diese Maßnahme immer die Nachtstunden?" Bettina kann hartnäckig und bissig sein.

„Wenn ich tagsüber keine Zeit dazu habe, ja."

„Aber Sie kamen drüben aus der Ecke. Das Uhrwerk steht hier."

Wilhelm sieht sie mit einer Miene an, bei der Grimm und Verlegenheit ineinander spielen. Ob sie ihm etwa misstrauten, fragt er empört. Ob sie meinten, ihn kontrollieren zu müssen. Er tue hier einfach seine Pflicht, auch zur Nachtzeit, wenn nötig, und müsse sich deswegen Vorhaltungen machen lassen.

Der Angriff ist die beste Verteidigung, denkt Beermann. Noch nie hat er Mesner Wilhelm so aggressiv erlebt. Er scheint es nötig zu haben. Und während er nachdenkt, wie er den Nachtgänger weiter in die Zange nehmen könnte, legt Bettina bereits nach: „Herr Wilhelm, reden Sie nicht um den heißen Brei herum, sondern sagen Sie, was Sie dort hinten gesucht haben."

Beermann durchfährt es wie ein elektrischer Stoß. Dort hinten – das muss der Ort sein, an dem Frau Krohn das Bild entdeckt hat. Sie erwähnte, das Bild habe in einer Hülle gesteckt, in einer Art Kartoffelsack. Sie habe das Bild aus der Hülle genommen und heruntergetragen. Seitdem hat das Bild seine rätselvolle Rolle gespielt, aber um die Hülle, in der es aufbewahrt wurde, hat sich keiner gekümmert. Doch, richtig, einer schon … Bettina. Sie hatte schon einmal hingewiesen darauf. Aber er war dem Hinweis nicht nachgegangen. Jetzt spielt er rasch die Möglichkeit durch, dass Frau Krohn das Bild aus dem Kartoffelsack gezogen hatte, jedoch im Eifer übersehen haben könnte, dass noch etwas dazu gehörte, was im Sack zurückblieb. Und Wilhelm war jetzt in diesem Teil des Speichers unterwegs, zu verdächtiger Stunde. Ahnte er etwas oder suchte er Bestimmtes, das mit dem Bild zusammenhängen könnte?

Beermann entlässt den Mesner, wünscht eine gute Nacht, nimmt Bettina bei der Hand und steigt mit ihr über verstaubte und vergessene Truhen, Stühle, Kisten in den hinteren Teil des Speichers. Die Beleuchtung wird dürftig und er ist froh, die Taschenlampe einsetzen zu können. Schiebt Kästen beiseite, staubt seine Hose ein, verschmutzt seine Hände.

Plötzlich lugt der Zipfel des Kartoffelsacks hinter einem alten Koffer hervor. Beermann zieht das ganze Ding heraus und steht gewaltig unter Strom, als er hineinschaut. Tatsächlich handelt es sich nicht um einen Kartoffelsack, sondern um eine Hülle aus braunem Wollstoff, ähnlich in Qualität und Schwere wie bei Wolldecken. Er langt mit der Hand hinein und fasst nichts. Mit der Taschenlampe leuchtet er das Innere ab und erkennt ein Stück Karton oder Papier. Es ist länglich und besonders im oberen linken Winkel stark vergilbt. Ihm fällt der Bilderrahmen ein mit der aufgesetzten Lasche an der Rückseite. Dort könnte dieser Streifen gesteckt haben. Irgendwann wäre er herausgefallen, möglicherweise erst kürzlich bei Frau Krohns Bergung ihres Fundstücks. Der Kartonstreifen wäre also aus der Lasche, in der er verborgen war, herausgerutscht und in der Hülle verblieben, während das Bild seinen Weg in die Öffentlichkeit antrat.

Der Streifen ist einmal gefaltet. Beermann öffnet ihn und erkennt hebräische Buchstaben. Eine Zeile in hebräischer Sprache. Er betrachtet die Schriftzeichen und stellt fest, dass er kein Wort entschlüsseln kann. Noch nie haben ihn seine mangelhaften Kenntnisse im Hebräischen so gewurmt wie in dieser Situation.

Er zeigt Bettina, was er gefunden hat. Sie schnalzt mit der Zunge. „Wenn das nicht einen ordentlichen Schritt voran führt im Labyrinth dieser Bildergeschichte", raunt sie bedeutungsschwer.

Beermann löscht das Licht und hat seinen Mesner im Kopf. Irgendetwas stimmt nicht mit ihm. Sollte er tatsächlich im Begriff gewesen sein, heimlich und auf eigene Faust zu prüfen, ob auf der Bühne noch etwas Wichtiges im Zusammenhang mit dem Bilderfund aufzutreiben wäre? Schwer vorstellbar eigentlich. Oder sollte sonst jemand dahinter stecken, der den Mesner benutzt? Er hat ja mit seiner Schlüsselgewalt über alle Räume der Kirche jederzeit Zugang auch auf den Speicher. Wenn er nun einen Auftrag entgegengenommen hat? Leicht in der Ausführung und ordentlich vergütet? Nicht auszudenken! Er würde sich selber und andere mit in die Tinte reiten und müsste damit rechnen, ausgequetscht zu werden wie eine Zitrone, weil die Spur zu seinem Auftraggeber die Polizei hochgradig interessieren dürfte.

Die Folgen scheinen unabsehbar, und so entschließt Beermann sich lieber, die Sache vorläufig für harmlos zu halten und Wilhelm seinen späten Diensteifer zu glauben. Leicht fällt es ihm nicht.

Mit dem hebräisch beschrifteten Karton betritt er sein Arbeitszimmer. Bettina lässt sich nicht abschütteln, auch wenn es längst nach Mitternacht ist. Sie will ebenfalls wissen, was die hebräische Schriftzeile bedeutet. Beermann glättet den Streifen und legt ihn auf die Tischplatte. Das hebräische

Lexikon wird zu Rate gezogen. Mit seiner Hilfe stellt sich heraus, dass ein Zitat vorliegt. Aus dem Buch Daniel, das zu einem großen Teil nicht in Hebräisch, sondern in Aramäisch überliefert ist, so auch dieser kleine Textauszug. Er stammt offensichtlich aus dem 4. Kapitel, Vers 11 und lautet:

Haut den großen Baum um und hackt seine Zweige ab.

Nur dies. Keine Ergänzung oder Kommentierung, nicht einmal die Angabe der biblischen Stelle. Nur das Zitat. Was mag es bedeuten, was für eine Fährte wird da gelegt? Beermann weiß es nicht und erläutert seiner Frau, die gespannt und fragend neben ihm steht, den Erzählungszusammenhang.

„Da wird im Danielbuch berichtet von Nebukadnezar, dem babylonischen König, der Israels Untergang und die Deportation ins Exil veranlasste. Und es wird von Nebukadnezars Traum erzählt und von der Unfähigkeit seiner Sterndeuter und Gelehrten, diesen Traum zu enträtseln. Bis Daniel die Szene betritt und dem König eröffnet, das Traumgesicht meine ihn selbst, den großen Babylonier."

„Ja – und?", will Bettina wissen. „Was träumte dieser Nebukadnezar?"

„Er träumte, dass er einen Baum sah mitten auf der Erde. Und der Baum wuchs hoch und war mächtig, so dass sein Wipfel bis an den Himmel reichte. Er stand da in vollem Laub, und seine Zweige hingen schwer von Früchten und von den Vögeln, die dort nisteten. Auf einmal aber erschien die Gestalt eines Wächters, eines Heiligen vom Himmel, der mit lauter Stimme rief: *Haut den großen Baum um und hackt seine Zweige ab.* Es ist ein düsteres Gerichtswort."

Bettina stellt die Frage, die auch Beermann selbst auf den Nägeln brennt: „Warum bloß wurde das aufgeschrieben und dem Bild beigegeben?" –

Beermann fühlt sich erschöpft und aufgedreht zugleich. Die Bücher schlägt er zu und stellt sie an ihren Platz zurück.

Es ist höchste Zeit, ins Bett zu gehen. Wer weiß, was der nächste Tag an Überraschungen bereithält. Auf keinen Fall darf er vergessen, Kommissar Parler über ihre jüngste Entdeckung zu informieren. Den Spaß, ihm zunächst die aramäische Zeile pur anzubieten, wird er sich nicht entgehen lassen. Über Wilhelm und seine merkwürdige Geschäftigkeit auf dem nächtlichen Kirchenboden allerdings wird er einstweilen lieber nichts verraten. Er weiß, dass er sich damit in die Nesseln setzen kann, aber er will es riskieren.

In der Wohnung holt er das Bild aus dem Versteck hinter dem Kleiderschrank hervor und macht die Probe. Den Kartonstreifen schiebt er gefaltet in die Lasche auf der Bildrückseite. Eine Ecke des Streifens schaut heraus. Wenn er das Ganze richtig einführt, ist es die Ecke, die ihm als stark vergilbt schon auf der Kirchenbühne aufgefallen war.

DONNERSTAG, 13. APRIL 2000

„Finden Sie mal eine Stecknadel im Heuhaufen!“, stöhnt Kommissar Parler, der unruhig in Beermanns Amtszimmer auf- und abschreitet, während der Pfarrer auf seinem Schreibtischstuhl hockt und abwägt, was er von seinen Entdeckungen mitteilen und was er besser für sich behalten soll. Parler fuchtelt mit den Armen herum, während er redet, und bleibt wiederholt am Fenster stehen wie festgenagelt. Er ist aufgeregt und unglücklich.

„Da soll man einen Täter dingfest machen und weiß nicht mal, wer überhaupt das Opfer ist! – Ein Jude, ja. Aber ohne Namen, ohne Adresse. – Ganz oben hat man sich natürlich beeilt, das LKA einzuschalten und eine Sonderkommission ins Leben zu rufen. Sie ahnen nicht, was da abgeht im Augenblick. Die pure Panik. Rasche Fahndungserfolge sind unbedingte Pflicht, da werden alle Hebel in Bewegung gesetzt, sag ich Ihnen, ob sie nun taugen oder nicht. Die Herren vom LKA spreizen sich wie üblich und behandeln uns von der städtischen Kripo wie dumme Jungen. Wissen alles besser und brüsten sich mit dem großen Netz an Verbindungen, über das sie verfügen. Allem Anschein nach vermuten sie den oder die Täter im rechtsradikalen Milieu, was ja auch nicht besonders verblüffend ist. Da werden sie nun alles durchkämmen in nächster Zeit. Wir lassen sie machen, weil wir sowieso nicht anders können, aber der Chef hat mich beiseite genommen und erklärt: Parler, auf Sie setze ich, Sie bleiben dran an der Sache, Kommission hin, Kommission her."

„Klingt doch nach Vertrauen", bemerkt Beermann.

„Ach was – Vertrauen! Die schiere Verzweiflung ist das. Ein unbekannter Jude ermordet in unserer Stadt! Anno 2000!"

„Im heiligen Jahr 2000", wirft Beermann ein.

Der Kommissar hört gar nicht hin. „Die Fritzen von der Presse rennen uns die Bude ein, und schon die hartnäckigen Schnüffler von der Zeitung mit den großen Buchstaben genügen, ein ganzes Polizeirevier lahm zu legen. Da können wir noch froh sein, dass unser geschätztes LKA in der Schusslinie steht und wir uns einen Freiraum dahinter schaffen können. Natürlich nerven außerdem Beamte von der Stadt mit Anfragen, wie wir vorankämen bei den Ermittlungen, und das Innenministerium macht Druck, weil es selber gewaltig unter Druck gesetzt wird. Nachdem sich, wie zu erwarten war, der Zentralrat der Juden in Deutschland zu Wort gemeldet und mit energischen Wünschen und kritischen Vorhaltungen nicht gespart hat, fangen im Ministerium einige an durchzudrehen. Das sind die feinen Herrschaften, die normalerweise den Hintern nicht hoch bekommen aus ihren Ledersesseln und mit einem Griff zum Telefon meinen, alles regeln zu können. Und die Blöden sind dann wir an der Basis, die sich abzappeln wie verrückt, um nachher hören zu dürfen, dass sie nichts zustande bringen."

Am Ende muss ich auch noch bei diesem frustrierten Polizisten den Seelsorger machen, denkt Beermann und nippt von dem Kaffee, den ihnen die Sekretärin hereingereicht hat.

„Wo stehen Sie denn überhaupt mit Ihren Nachforschungen? Übrigens hat das LKA auch bei uns vorgesprochen, Ostendorf hat mit ihnen geredet, weil ich unterwegs war zur Buchhandlung am Schlossplatz. Aber sie schienen nicht recht überzeugt, dass unser Rätselbild ein Schlüssel zum

Mordfall sein könnte, meinte Ostendorf. Offenbar ermittelten sie stärker in anderen Richtungen."

„Sehe ich auch so", sagt Parler. „Jedenfalls sind sie genauso am Anfang mit ihren Untersuchungen wie wir, ganz vorn am Anfang. Die Veröffentlichung von Fotos des Ermordeten war ein Schlag ins Wasser. Kein Echo, abgesehen von ein paar antisemitischen Schweinereien, natürlich anonym. Wirklich zum Kotzen! Aber wenn den Mann hierzulande keiner kennt, ist immerhin anzunehmen, dass er von weiter her kommt, aus Israel vielleicht, aus Osteuropa, aus den USA. Und da gibt es sogar eine winzige Spur. Im Hemdkragen des Toten sind wir auf ein Etikett gestoßen, dessen Aufschrift ziemlich verwaschen ist, aber doch auf einen Hersteller in den Vereinigten Staaten schließen lässt."

„Na also", lobt Beermann.

„Ach wo", winkt Parler ab, „Textilhersteller vertreiben ihre Waren in aller Welt, das Hemd kann in Chicago so gut wie in Tel Aviv oder in Amsterdam gekauft worden sein. Trotzdem – wo wir nichts Näheres wissen, müssen Vermutungen her. Gehen wir mal davon aus, der Tote stamme tatsächlich aus den USA – das ergibt einen verdammt weiten Weg bis hin zu Ihrer Kirche und bereitet mächtig viel Umstände."

Beermann findet das auch, aber übersieht nicht, worauf der Kommissar hinaus will.

„Kein halbwegs vernünftiger Mensch begibt sich auf so eine Reise mit bestimmter Absicht und klarem Ziel, ohne seine Ankunft irgendwie vorher mitzuteilen. Per Mail oder mit der Post oder telefonisch. Wer einen Plan verfolgt, will doch möglichst sicher gehen, dass er auch gelingt. Und wenn der tote Jude in irgendeiner Weise mit dem Bild vom Kirchenspeicher zu tun hat, dann kann ich mir einfach nicht vorstellen, dass er über den Atlantik jettet und hier vorbeischneit, völlig ohne Vorankündigung!"

Parler hat bei seiner Wanderschaft im Amtszimmer direkt vor Beermanns Stuhl Halt gemacht und schaut ihn herausfordernd an. Beermann schluckt: „Sie meinen … wir müssten hier im Pfarramt … davon wissen?“

Der Kommissar zuckt mit den Schultern und schweigt.

„Nicht die mindeste Ahnung hab ich“, beteuert Beermann. „Glauben Sie, ich verheimliche Ihnen was?“ Parler hört nicht auf, ihn intensiv zu betrachten, und dem Pfarrer wird unangenehm warm dabei. Nicht genug, dass ihn die böse Geschichte persönlich belastet, weil sie in seiner unmittelbaren Nähe passierte. Jetzt gerät er obendrein ins Spinnennetz polizeilicher Verdächtigungen: dass er zum Beispiel an der Unterschlagung ermittlungsrelevanten Materials beteiligt sein könnte; oder dass er andere, die so oder so schuldig wurden, aus was für Gründen, decke. Oder sonst was.

Parler unterbricht sein stummes Verhör und nimmt seine Wanderung wieder auf. „Ihre Sekretärin, Frau Brotbeck, habe ich schon befragt. Sie gibt ebenfalls an, keine Ahnung zu haben. Da sei nichts gewesen am Telefon oder bei der Post. Absolut nichts. Nichts, was mit einer Besuchsanmeldung hätte zusammenhängen können. Aber mir war auffällig, wie sie das gesagt hat.“

„Nämlich?“

„Sehr entschieden. Sogar überaus entschieden und abwehrend. Nach meiner Erfahrung will einer, der sich so verhält, partout nicht heraus mit der Sprache. Gerade weil er etwas weiß, muss er umso kräftiger beteuern, dass er nichts wisse.“

Beermann hält den Augenblick für gekommen, den Kommissar zu beruhigen und Kooperationsbereitschaft zu signalisieren.

„Es gibt da noch eine kleine Entdeckung, die ich gestern gemacht habe, im Zusammenhang mit dem Bild.“

„Ach ja?"

„Das Bild steckte in einer Hülle, und in der Hülle haben wir jetzt einen kleinen Karton mit kurzem Text gefunden."

„Wer – wir?"

„Meine Frau und ich." Den Mesner übergeht er. Er weiß nicht, ob es klug ist und ob er es macht, um den verdächtig gewordenen Mann vorläufig zu schützen, oder ob er sich vorbehalten will, eigene Fahndungserfolge zu erzielen. Er überreicht das Dokument und liefert die deutsche Übersetzung gleich mit.

Parler wendet den Streifen hin und her und bedauert, dass auf der Rückseite nichts Aufschlussreicheres erscheint als in den hebräischen Worten. Ist das Bild ein Rätsel, so ist der beschriebene Streifen ein zweites. Auch Worte können mehr verdunkeln als klären, biblische und andere.

„Ich habe den Rabbiner angerufen und auch angetroffen", sagt Beermann. „Ob er sich einen Reim darauf machen könne, dass dem Bild auf einem separaten Karton dieses Bibelzitat beigegeben war, und zwar im aramäischen Original. Der hat einen Augenblick nachgedacht und dann auch passen müssen. Seiner Kenntnis nach spiele das Zitat keine nennenswerte Rolle in der jüdischen Tradition, und im Zusammenhang kabbalistischer Texte und Bilder schon gar nicht. Demnach sei die Verbindung zwischen Bild und Zitat gewiss künstlich hergestellt und nicht motivgeschichtlich vorgegeben."

„Motivgeschichtlich", brummt Parler und sieht Beermann fragend an. Dann grinst er: „Das LKA scheint auch so eine Art von motivgeschichtlichen Forschungen anzustellen. Sind doch tatsächlich zum Rabbiner in der Innenstadt marschiert und sogar durch die Kontrolle eingelassen worden, um anschließend tapfer von einem Fettnäpfchen ins andere zu treten. Die Krone haben sie anscheinend ihrem Interview aufgesetzt, als sie den Rabbiner fragten, ob er sich auch eine Täterschaft aus Kreisen des Judentums vorstellen könne. Da gebe es doch auch radikale Richtungen wie die Ultraorthodoxen in Jerusalem. Der Rabbiner muss stocksauer reagiert und die Herren buchstäblich hinausgeworfen haben. Was er ihnen dabei im Einzelnen mit auf den Weg gegeben hat, ist leider nicht überliefert. Jedenfalls hat er nicht gezögert, gleich anschließend in höchster Empörung bei uns im Dezernat anzurufen und dem Chef zu stecken, dass er keinen Kontakt mehr wünsche mit den Herrschaften vom LKA und lediglich bereit sei, mit unserer Abteilung zu kooperieren."

„Was euch und eurem Chef eine schöne Legitimation verschafft, auf eigene Faust weiter am Ball zu bleiben", sagt Beermann.

Parler hält den gefundenen Zitatkarton in der Hand und schüttelt den Kopf. Viel schlauer als vorher scheint man nicht zu sein. Auch wenn kaum bestritten werden kann, dass der Satz aus dem Danielbuch dem Bild mit Absicht beigefügt worden ist. Jemand hat offenbar die Botschaft des Bildes durch die Botschaft des biblischen Zitats ergänzen oder präzisieren wollen. Aber warum und für wen? – Ferner kann schwer übersehen werden, dass Bild und Text nur sehr begrenzt aufeinander verweisen: Das Bild arbeitet mit der Polarität zweier Bäume, im Zitat geht es nur um einen großen Baum. Außerdem ist das Baumsymbol im Bild eines unter mehreren, im Text ist allein der Baum im Blick. Wer immer die Zusammenordnung von Text und Bild besorgt hat, kann also nicht das Interesse verfolgt haben, die Kongruenz von beidem zu erweisen. Denn die ist einfach nicht gegeben. Allerdings mag das Zentralmotiv des Bildes eine Brücke zum biblischen Zitat geliefert haben. Dann folgt aber daraus, dass für denjenigen, der die Sache in dieser Form arrangiert hat, nicht das Bild selber, sondern der angefügte Kommentar die

Hauptsache sein musste. Gut möglich, dass das Bild eine Spur legen sollte. Aber der Text musste den Zweck haben, etwas zu bestimmen, und zwar vermutlich sehr exakt. Nur – was?

„Interessant", brummt Parler nach längerer Untersuchung des Kartons. „Ich nehme es mit, vielleicht können die Laborexperten noch etwas heraustüfteln über Alter und Herkunft. – Wie sagten Sie genau: *Haut den großen Baum um und hackt seine Zweige ab?* – Hört sich nach einer verschlüsselten Drohung an. Irgendwie mit Anrufung magischer Kräfte oder so. Ziemlich düster und seltsam, das Ganze, finden Sie nicht auch? – Ach, und noch etwas. Das Bild lagert immer noch bei Ihnen… es ist mir manchmal schon ein bisschen mulmig dabei. Vielleicht sollten wir's sicherstellen bei uns im Präsidium."

„Wenn Sie meinen", entgegnet Beermann schlapp, und es ist deutlich, dass er dem Vorschlag nicht viel Sympathie abgewinnen kann.

Parler bemerkt es und winkt ab: „Naja, lassen wir's einstweilen. Nachdem das Kind schon in den Brunnen gefallen und umgekommen ist, scheint es nicht dringend zu sein, den Brunnen trocken zu legen. Aber ich muss mir vorbehalten, gelegentlich auf einen Standortwechsel des Bildes zurückzukommen. Und hüten Sie's inzwischen wie Ihren Augapfel, Herr Pfarrer!"

Beermann erklärt sein Einverständnis und seine Absicht, das Bild ab sofort nur noch unter seiner Matratze zu verwahren.

Parler lacht: „Nichts für ungut! Wir machen alle bloß unsern Job, mehr oder weniger glücklich." Wie auf der Flucht stürmt er aus dem Zimmer.

* * *

Augenblicke später pflanzt Beermann sich im Sekretariat auf und verlangt Auskunft über wahrscheinlich aus dem Verkehr gezogene Post. Sekretärin Brotbeck, sonst nicht von Schüchternheit geplagt, reagiert einsilbig. Kommissar Parler habe sie auch schon befragt deswegen. Aber es gebe nichts mitzuteilen.

Beermann versucht es andersherum. Nicht mit Druck, sondern mit Einfühlung. Erwähnt den Trubel, der gelegentlich im Büro herrsche, wenn ein Ahnenforscher aufkreuze, um alte Kirchenbücher einzusehen und das Telefon klingle und ein Jugendvertreter die bestellten Kopien abholen und ein Schnorrer Reisegeld für eine fiktive Fahrkarte erschwindeln wolle. Da könne es vorkommen, dass eine Bescheinigung in den Papierkorb wandere, die dort nicht hin sollte, oder ein Brief verlegt werde, der eine wichtige Mitteilung enthielt.

Die Sekretärin sieht ihn unschlüssig an und kaut an den Fingernägeln. Beermann baut ihr goldene Brücken, schmeichelt ihrer Verlässlichkeit und lauert auf den Durchbruch. Als es geschafft ist, kommen die Aussagen stockend, mit vielen Unterbrechungen und mit Beteuerungen eigener Hilflosigkeit. Was hätte sie denn machen und erklären sollen, wo sie selber unsicher war, ob sie überhaupt etwas entdeckt hatte oder nicht? Und wo sie vor allem keinen Mitarbeiter verdächtigen und anschwärzen wollte?

Aus den Bruchstücken, die die Sekretärin liefert, formt sich für Beermann allmählich ein Zusammenhang:

An einem Tag seines Kurzurlaubs am Bodensee hatte die Sekretärin die Postzustellung vermisst. In der Regel wurde sie morgens um zehn in den Briefkasten geworfen oder – bei umfangreicheren Sendungen – direkt im Büro abgegeben. Einmal jedoch nicht. Ab und zu kam es allerdings vor, dass der Postbote den Mesner bei seiner Arbeit vor der Kirche traf, ein paar Worte mit ihm wechselte und ihm die Briefe fürs Pfarramt in die Hand drückte. Gegen Mittag desselben Tages ging nun die Sekretärin zum Container, um ihren Papiermüll zu entsorgen. Sie öffnete den Deckel und stellte fest, dass der Container ziemlich voll war. Das Zeug, das sie anschleppte, würde kaum noch hineinpassen. Und als sie mit der Hand das Papier im Container etwas zusammendrücken wollte, fiel ihr ein Umschlag auf, der handschriftlich ans Pfarramt gerichtet war. Der obere Teil samt Briefmarke war fortgerissen, geblieben war bloß der untere Teil mit unvollständiger Anschrift ihrer Kirche. Jemand anderes, wohl ein Postbeamter, hatte Straße und Hausnummer nachgetragen.

Die Sekretärin war erstaunt, weil sie sicher war, diesen Briefumschlag nie in Händen gehalten, geschweige denn derart wüst aufgerissen zu haben. Trotzdem hatte sie den Fund beinahe schon wieder vergessen, als Mesner Wilhelm nachmittags um drei anrückte und ihr die Postsendung des Tages auf den Tisch legte. Natürlich fragte sie ihn, weshalb er die Briefe so lange zurückbehalten habe, sie sei den gesamten Vormittag im Büro erreichbar gewesen. Wilhelm reagierte darauf recht unwirsch und verwies auf seine umfangreichen Aufgaben. Das war ihr merkwürdig vorgekommen und sie hatte nachgebohrt, ob er vielleicht einen Brief verloren oder versehentlich aufgerissen und dann in den Papiercontainer geworfen habe.

Wilhelm war bei dieser Nachfrage zuerst wie erstarrt gewesen und anschließend tüchtig aus der Fassung geraten. Er nannte die Sekretärin eine eingebildete Henne, die sich nicht künstlich aufplustern solle. Jedenfalls lasse er sich nicht schikanieren von ihr. Rein aus Gefälligkeit habe er dem Postboten die Briefe abgenommen und ihr ins Büro gebracht, und jetzt mache sie sich dicke über irgendeinen blöden Umschlag und denke, sie müsse ihm hinterher spionieren. Das verbitte er sich, und wenn sie nicht aufhöre damit, werde er ihr noch ganz anders kommen...

Beermann bedankt sich bei seiner Sekretärin für die erteilten Auskünfte und hat keinen Zweifel daran, dass sie der Wahrheit entsprechen. Er zieht sich zurück in sein Arbeitszimmer, will niemanden sehen und hören. Nur mit sich allein sein und mit den Gedanken und Befürchtungen, die in seinem Kopf kreisen wie ein Krähenschwarm über Stoppelfeldern.

Wilhelm also. Wieder einmal Wilhelm. Vollkommen unvorstellbar erscheint, dass der Mesner unmittelbar mit der Ermordung des Juden zu tun haben könnte. Aber mittelbar? Am Rande irgendwo, als Rädchen in einem von ferne gesteuerten Getriebe, das dem Opfer zum Verhängnis werden sollte? Beermann bedauert, viel zu wenig über das private Leben seines Mesners in Erfahrung gebracht zu haben. Was wusste er schon von seinen Vorlieben, seinen außerdienstlichen Kontakten? Was wusste er überhaupt von den Mitarbeitern in seiner näheren Umgebung? Er hatte sich nicht erkundigt, weil es ihm gleichgültig war. Wenn sie funktionierten und ihn möglichst in Ruhe ließen, war er zufrieden gewesen. Was sie dachten, religiös und auch politisch, war ihre persönliche Angelegenheit, für die er sich nicht zuständig fühlte. Und nun stieß ihm beklemmend auf, dass der eine oder andere vielleicht mit Einstellungen sympathisierte, die das Licht scheuen und sich wie Blindgänger unter der Erde verstecken. Und wenn unverhofft ein Fuß darauf tritt, geht die ganze explosive Mischung hoch und richtet Schaden an.

Anzeichen, dass Mesner Wilhelm irgendwelche Beziehungen zu rechtsextremen Gruppen pflegte, hatte er nie erkennen können. Auch bei dessen Gerede nicht. War es denkbar, dass er sich so geschickt tarnte und den braven Biedermann im kirchlichen Dienst gab, während er anderswo seine

Springerstiefel auspackte und im Bierdunst eines Kneipenkellers völkischen Schwadroneuren lauschte und im Chor mit den sogenannten Kameraden fremdenfeindliche Parolen brüllte?

Beermann kann es nicht glauben. Er sinkt tiefer in seinen Sessel hinein und lässt die Gedanken treiben wie die Wolken am Himmel, die im Fensterausschnitt vorüberziehen. Überhaupt fühlt er sich selber getrieben, jetzt mehr als jemals zuvor. Am liebsten würde er abbrechen. Sich ausklinken aus einem System, das ihn treibt. Hinwerfen, was auf seinen Schultern drückt. Diese ganze Last des Unerledigten und der kaum verschwiegenen Erwartungen an ihn und sein Amt. Du läufst ständig herum mit dem Gefühl, das besonders Wichtige zu versäumen. Besuche an Krankenbetten sind nur gelegentlich drin, abgesehen davon, dass du eine schwer überwindbare Scheu davor hast. Für die Jungen eine Menge Zeit aufbringen und sich zu einer Art Vorbild mausern – naja. Überzeugend dem Zweifel der Ernsthaften begegnen; wo man selber den Zweifel wie einen Schwelbrand empfindet, der in der eigenen Seele klein gehalten wird, damit er nicht auflodert und alles verbrennt.

Und dann obendrein diese Affäre mit einem zufällig aufgestöberten Bild von dämonischer Wirksamkeit, mit einem toten Juden direkt vor der eigenen Haustür, mit einem Fahndungsapparat, der ihn ganz zu umschlingen droht wie eine Krake mit ihren Tentakeln, und mit einem angestellten Mitarbeiter, der eine Menge Fragen aufgibt und den man doch nicht verpfeifen kann.

Es ist wirklich zum Davonlaufen, denkt Beermann. Aber auch dazu müssten die Knoten gelöst sein, die binden und festhalten.

* * *

Lustlos blättert Beermann gegen Abend in verschiedenen Büchern, theologischer Fachliteratur, Lyrik, Bildbänden, um sich Inspirationen zu holen. Die Karwoche steht bevor mit den gehäuften Anlässen zur geistlichen Besinnung in öffentlichen Veranstaltungen. Er mag das nicht. Nicht die gepflegte Trübsal, die es da zu kultivieren gilt. Nicht den sprunghaften Einsatz, jetzt in diesem Gemeindekreis, dann bei jenem Andachtstermin, wo er sich fast wie ein fliegender Händler mit Religionsartikeln vorkommt. Und den Jargon der schmerzhaften Ergriffenheit mag er schon gar nicht. Ganz ohne ihn auskommen wird er allerdings kaum, wenigstens bis Karfreitag nicht, wenn sogar die Kerzen auf dem Altar gelöscht sind, dieses bisschen Licht und Wärme im großen kalten Mausoleum.

Gott sei Dank gibt es Bettina. Sie steckt ihren Kopf zur Tür des Studierzimmers herein und behauptet, sie habe eine Idee. Da gebe es doch dieses kirchliche Verwaltungsinstrument mit dem merkwürdigen Namen, in das von Zeit zu Zeit alle beweglichen Besitztümer der Gemeinde eingetragen werden sollten.

„Der Ton liegt auf ‚sollten'", sagt Beermann.

„Du machst es schludrig, ich weiß", lacht Bettina und steht aufmunternd neben ihm.

„Das Fahrnisverzeichnis kann mir gestohlen bleiben", knurrt Beermann.

„Vielleicht nicht in jedem Fall", erklärt Bettina, „denn frühere Inhaber dieser Pfarrstelle sind mit dem Verzeichnis womöglich gewissenhafter umgegangen als du."

Beermann schaut sie an und weiß nicht, was sie im Schilde führt.

Bettina ist voll Eifer. „Wir könnten doch mal dieses Fahrnisverzeichnis in der Registratur aufsuchen und bei den Kriegsjahrgängen nachsehen, ob sich ein Eintrag findet, der das Bild vom Kirchenspeicher betrifft."

Beermann springt, wie von einer Stahlfeder katapultiert, in die Höhe. Dass er daran nicht selber gedacht hat! Natürlich, die Auflistungen sind erhalten geblieben über die Bombennächte hinaus. Er hat sogar schon mal darin geblättert, vor Jahren. Wenn das Bild tatsächlich während des Krieges in den Besitz oder in die Obhut der Kirchengemeinde gelangt sein sollte, dann müsste sich dazu ein Vermerk im Verzeichnis finden lassen.

Er nimmt Bettina bei der Hand und eilt mit ihr die Stufen zum Keller hinab. Der Keller ist tief und weitläufig und massiv überwölbt, darum kühl im Sommer und ideal für die Lagerung von Wein und Mostfässern. Aber diese Räume sind seit langem puritanisch alkoholfrei und enthalten nichts, was geistige und leibliche Beschwingtheit auslösen könnte. Schränke mit alten Folianten stehen da an den Wänden entlang. Regale, angefüllt mit Aktenordnern, Schriftwechseln, Rechnungsbüchern und Zahlenwerken: eine Stätte der papierenen Geschehensablagerung. In einem Schrankfach finden sie das Fahrnisverzeichnis, das sie suchen. Es enthält auch Daten aus den Kriegsjahren.

Beermann überfliegt die Angaben und stockt bei einer Eintragung aus dem Jahr 1942. Das Datum ist angegeben mit 28. April 1942. Daneben steht: „Gemälde, zur Verwahrung überlassen". Darunter: H. / R 12,19. Was H. sein soll, ist unklar. Aber das folgende Kürzel bedeutet sicher eine Bibelstelle, und Beermann muss nicht nachschlagen, um zu wissen, was da steht. Er erklärt es Bettina, die mit gespannter Erwartung neben ihm ausharrt: „Römer 12, 19 ist hier angegeben unter dem Datum. Der Satz erscheint im Zusammenhang von Lebensregeln, die der Apostel für die Christengemeinde in Rom formuliert hat. Da heißt es nun: *Mein ist die Rache, redet Gott.*"

Bettina erschrickt und hält sich beide Hände vors Gesicht, und Beermann denkt laut über die gefundene Eintragung nach: „Sie kann sich nur auf das Bild beziehen, alles andere wäre denkbar unwahrscheinlich. Dann folgt aber, dass das Bild wirklich während der Nazi-Herrschaft – und zwar Anfang des Jahres 1942 – in die Obhut der Jakobuskirche und des damaligen Pfarrers übergeben worden ist. H. könnte den Namen des Überbringers bezeichnen oder des Besitzers, wenn Überbringer und Besitzer nicht identisch waren. Es könnte damit natürlich auch irgendeine andere Person gemeint sein, eventuell eine, in deren Besitz oder Zuständigkeit das Bild einmal gelangen sollte.

Für eine Übergabe des Bildes ans hiesige Pfarramt und für die Besorgung eines Verstecks auf dem Kirchenspeicher sprechen aber auch der Name und das Profil des damaligen Pfarrers. Er hieß Julius Bach und war Mitglied im Pfarrernotbund. Ein unerschrockener Mensch. Er hat aus seiner Sympathie für das Judentum im Allgemeinen und für jüdische Mitbürger im Besonderen kein Hehl gemacht, weshalb er sich nicht bloß Freunde verschaffte. In der Gemeinde soll es Kräfte gegeben haben, die seine Versetzung betrieben. Als er am Sonntag nach Synagogenbrand und Straßenterror gegen die jüdische Bevölkerung in seiner Predigt durchblicken ließ, dass er das Treiben verurteilte, sah er sich massiven Einschüchterungsversuchen ausgesetzt. Seine Haustür wurde mit dem Stern beschmiert. Die Kirchenleitung, bei der Beschwerden eingegangen waren, rügte den Pfarrer und mahnte zur Mäßigung. Julius Bach scheint sich nicht völlig an diese Weisung gehalten zu haben. In Einzelfällen jedenfalls ist er zu Hilfeleistungen für bedrängte jüdische Familien bereit gewesen. Noch in den letzten Kriegsjahren wurde er eingezogen und ist an der Front umgekommen. Seine Frau starb später in einem Seniorenwohnheim."

Bettina hat gespannt zugehört und läuft jetzt aufgeregt vor den Schränken hin und her. „Aber ich begreife immer noch nicht: Warum gerade dieses Bild? Warum Ende April 1942? Und warum die Erwähnung der Römerbriefstelle – vermutlich doch ein persönlicher Kommentar des Pfarrers in dieser Angelegenheit? Worauf soll sich die Rache beziehen, die Gott vorbehalten wäre?"

„Und dann", ergänzt Beermann, „diese Abkürzung H. … Ist H. diejenige Person, der das Bild gehört hat? Und hat dann H. dem Bild das Zitat aus dem Danielbuch beigegeben? Die Nennung dieses Wortes vom großen Baum, der umgehauen werden soll, ist ja leicht im Sinne einer Racheankündigung oder eines Fluchs zu begreifen. Hat Julius Bach diesen schriftlichen Zusatz zum Bild gekannt und in seinem Sinne mit dem Wort des Römerbriefs verbunden? Was sollte das alles bewirken, wenn Bild und hebräisches Zitat doch in eine Hülle eingeschlagen auf dem Kirchenboden versteckt wurden?"

Kaum zurück aus dem Keller ruft Beermann bei Parler an, um seinen Fund im kirchlichen Fahrnisverzeichnis zu melden. Der Kommissar schnalzt mit der Zunge: „Denken Sie, Herr Pfarrer, ich habe auch Neuigkeiten. Anfangs haben wir das Schiff ja gar nicht flott gekriegt, aber jetzt kommt es anscheinend ganz schön in Fahrt."

„Und die Neuigkeiten?"

„Zwei Dinge. Einmal haben die Tüftler in unseren Labors die hebräische Schrift und die verwendete Tinte analysiert. Sie haben da ihre chemischen Methoden festzustellen, in welcher Zeit ungefähr der Aufschrieb gemacht worden ist. Auf jeden Fall um 1940 herum, haben sie gemeint. Das passt nicht schlecht zu Ihrer Eintragung im Fahrnisverzeichnis."

„Und die zweite Sache?"

„Ja, die zweite Sache. Da hat unser verdientes LKA tatsächlich etwas herausgefunden. Es hatte Suchmeldungen über alle Kanäle in die Welt geschickt, natürlich auch in die USA, mit der Vermisstenanzeige über einen älteren Juden, der ermordet in unserer Stadt aufgefunden worden sei. Fotos wurden zugefügt. Und siehe da, die Sache brachte tatsächlich einen Erfolg. Kollegen aus Los Angeles melden, dass der Tote und ein vermisster Jude aus ihrer Stadt identisch sein dürften. Sein Name: Martin Levinson. Um die siebzig Jahre alt, allein lebend. Das heißt, er war verheiratet, ist aber seit längerer Zeit geschieden. Seine Ex lebt in San Francisco."

„Gibt es Nachrichten über diese Frau?"

„Ja, gibt es. Man hat sie aufgesucht und auch angetroffen und ihr die schlimme Geschichte erzählt. Sie sei mächtig in Aufregung geraten und habe erklärt, sie müsse umgehend nach Deutschland und der Sache nachgehen. Ihr Name ist Eliza, den Familiennamen ihres Mannes hat sie beibehalten. In Kürze wird sie also auftauchen, bei uns oder bei Ihnen im Pfarramt."

„Ich bin gespannt", sagt Beermann, wobei er schon weiß, dass es nicht völlig zutrifft. Er ist nicht nur gespannt. Er hat auch Angst.

MITTWOCH, 19. APRIL 2000

Ausgerechnet zu Beginn der Karwoche hatte Beermann sich einen kapitalen Infekt eingefangen. Die erste Etappe seines Widerstandes – Bekämpfung durch Ignorieren – wurde von heftigem Schüttelfrost jäh beendet, und Beermann kroch entnervt unter die Bettdecke. Er fühlte sich mies.

Im Krankenstand war er absolut untröstlich, auch wenn er das Talent besaß, tröstend zu wirken bei seinen Krankenbesuchen. Bettina umsorgte ihn nach Kräften, brühte Tees auf, bot allerlei sanfte Hausmittel zur Fiebersenkung an. Beermann verlangte harte Medizin. Von Homöopathie hielt er nichts, und die verschwindend winzigen Globuli, die Bettina ihm verabreichte, kaute er unwillig weg, statt sie, wie verordnet, langsam unter der Zunge zergehen zu lassen.

Unruhig wälzte er sich von einer Seite auf die andere, wollte aufspringen und in seine Kleider fahren und wusste, dass er es nicht schaffen würde. Das war die Phase des Widerstands, die nicht lange dauerte. Es folgte die Phase der Ergebung, in der er platt auf dem Rücken lag und sich einfach gehen ließ. Ihm war jämmerlich zumute und entsprechend jammerte er, wenn Bettina in seinen Leidenskreis eintrat. Sie bediente ihn mit Obst und Getränken und schüttelte sein Kopfkissen auf. Er genoss es und empfand sich bei so rührender Betreuung nur noch elender und kränker. Unter der Decke war ihm zu heiß, ohne Decke zu kalt, und er argwöhnte, sein Kreislauf würde in Kürze vollends zusammenbrechen und der Notarzt müsste herbeizitiert werden. Bettina ertrug seine hypochondrischen Anwandlungen, die ihr nicht neu waren, und quittierte sie mit einem gelegentlichen ‚Stell dich nicht an!' oder ‚Jetzt mach mal halblang!' Die Vertretungsdienste in der Karwoche und über Ostern wurden von der Sekretärin geregelt, der Patient hatte in dieser Beziehung keinen Anlass zur Sorge und er sorgte sich auch nicht darum.

Zwei Tage später, am Mittwoch, sind Zeichen der Besserung erkennbar. Beermann findet Worte des Dankes, die die Pflegedienste seiner Frau betreffen, und wirft einen Blick in die Tageszeitung. Heute müsste er eine Passionsandacht im Altenheim halten und freut sich, davon entbunden zu sein, mit den ehrenwertesten Gründen. Als Bettina ihm mitteilt, dass Kommissar Parler angefragt habe, ob er auf einen Besuch vorbeikommen könne, ist er nach kurzem Bedenken einverstanden. Seine Neugier überwiegt bereits die Krankheitsdepression.

Parler kreuzt sogar mit einem Blumenstrauß auf und weiß im Krankenzimmer nicht recht, ob er ihn dem Bettlägerigen oder der gestressten Ehefrau überreichen soll. Bettina befreit ihn aus seiner Unschlüssigkeit, bedankt sich lächelnd und begibt sich mit den Blumen nach draußen. Das Männergespräch will sie nicht stören.

Der Patient bemüht sich um eine Leidensmiene, die anzeigen soll, wie heftig es ihn erwischt hat und wie ratsam es ist, schonend mit ihm umzugehen. Parler hat sich auf dem Stuhl neben seinem Bett niedergelassen und ergeht sich in Allgemeinplätzen, die das Klima zwischen ihnen günstig beeinflussen sollen. Der Frühling mache Fortschritte, berichtet er, alle Welt strebe ins Freie, keine Spur mehr von launigem Aprilwetter, vor den Cafés und Eisdielen stünden bereits Tische und Stühle auf der Straße, die Damen zeigten wieder deutlich mehr Haut. Es sei sonnig und warm wie mitten im

Mai. Um diese Herrlichkeit nicht zu versäumen, solle Beermann sich doch beeilen, sein Lager hinter den verschlossenen Vorhängen baldmöglichst zu verlassen.

„Es hat mich ziemlich übel erwischt", seufzt Beermann aus seinen Kissen.

„Na, so ein Infekt hat seine Zeit", beschwichtigt Parler, „vermutlich sind Sie schon über den Berg."

Beermann will so etwas gar nicht hören, weil es ablenkt von seiner miserablen Befindlichkeit. Und weil der Kommissar von sich aus offenbar kein Sensorium aufbringt für seine Leiden, macht er ihn wortreich vertraut damit. Parler nickt bloß zwischendurch und schwingt sich sogar zu einigen Mitleidsbekundungen auf, bis Beermann sich verstanden fühlt und die Herzensergüsse eines Heimgesuchten abbrechen kann.

Nun schweigen sie sich näher aneinander heran.

Beermann befindet sich in der günstigeren Position. Er kann einfach liegen und die Augen schließen. Ermattet zu sein, ist das Vorrecht des Kranken. Parler dagegen sitzt aufrecht auf seinem Stuhl und ist überhaupt nur erschienen, um etwas loszuwerden.

„Also", beginnt er deshalb zögernd, „da wäre noch was, das ich Ihnen mitteilen möchte."

Beermann öffnet die Augen und deutet an, dass er aufnahmebereit sei.

„Natürlich geht es um unseren Fall", fährt Parler fort. „Wir warten auf Eliza Levinson, aber sie ist noch nicht aufgetaucht bei mir. Bei Ihnen wohl auch nicht."

Beermann schüttelt andeutend den Kopf.

„Inzwischen gibt es aber Neuigkeiten", sagt Parler. „Wie Sie wissen, hatten die Leute vom LKA ihre Fühler besonders intensiv ausgestreckt in die Neonaziszene hinein. Lag ja auf der Hand, dass dort irgendwas herauskommen musste. Aber die Szene ist diffus. Auch wenn die Politik immer wieder einen Anlauf nimmt, die alte NPD zu verbieten, begünstigt sie doch genau dieses Diffuse im braunen Sumpfgebiet. Da schwimmt eben vieles durcheinander, kaum zu trennen und noch weniger vernetzt. Sogenannte ‚Kameradschaften' bilden kleine Zellen, die können schnell entstehen und ebenso schnell auch wieder verschwinden wie Blasen auf dem Moddertümpel. Und eigentlich müsste man den Moddertümpel austrocknen statt die paar Blasen platzen zu lassen, die aus ihm hervorblubbern. Erst kürzlich, kaum paar Monate her, ist eine neue rechte Blüte aufgegangen in unserer Gegend, die nennt sich großspurig ‚Bildungswerk deutsche Volksgemeinschaft', kurz: BDVG."

„Eine schöne Bildung werden die vorhaben", brummt Beermann.

„Klar. Sie bieten Schulungsabende und Kurse an und werben bei den diversen Kameradschaftsgruppen. Ganz unverhohlen und öffentlich. Kann man alles zur Kenntnis nehmen im Internet. Das feine Bildungswerk hat auch überhaupt keine Berührungsängste und beruft sich feierlich auf die 25 Punkte des NSDAP-Programms, das 1920 im Hofbräuhaus ausgeschwitzt wurde. Die ganze braune Ekelsoße. Mit der besonderen Würze des Antisemitismus, versteht sich, der heute natürlich zum Fremdenhass überhaupt erweitert wird. ‚Staatsbürger kann nur sein, wer Volksgenosse ist. Volksgenosse kann nur sein, wer deutschen Blutes ist', das alte Credo wird abgestaubt und aufpoliert mit dem programmierten Widerstand gegen Einwanderungsprozesse und angebliche Überfremdung.

Gut. In unseren Kreisen weiß man also, was da so herumwabert in gewissen Gruppen und Hirnen, und wir kennen die Treffpunkte, wo man sich um die rassistische Volksbildung verdient macht. Aber wir können leider nicht eingreifen, solange von denen der Schein des Rechts gewahrt bleibt und sie nicht grade beim Anzünden von Heimen für

Asylbewerber ertappt werden. Die Verfassung, die wir schützen sollen, bindet uns zugleich die Hände. Wir können bloß einschreiten, wenn ein klares Delikt oder ein begründeter Verdacht vorliegen."

„Und das lag jetzt nicht vor?", fragt Beermann, der sich aus den Kissen herausgewühlt und am Kopfende seines Bettes aufgerichtet hat.

„Sozusagen", erwidert Parler, „wir hatten Hinweise, dass in einer Kameradschaft zumindest Details über den Sakristeieinbruch und über den Steinwurf in Ihr Amtszimmer ausgetauscht wurden."

„Und dann?", drängt Beermann.

„Dann haben wir im günstigen Moment zugegriffen und die Bande in einem Discokeller ausgehoben. Ziemlich martialisch mit Sturmhelm und Knarre im Anschlag. Der Überfall sollte Schrecken auslösen und der Schrecken sollte weich klopfen für Geständnisse."

„Hat's funktioniert?"

„Nicht ganz. Aber ein paar Verhaftungen wurden vorgenommen in der Hoffnung, dass sich unter den Bedingungen des Verhörs einige Auskünfte ergeben würden. Den Rest der Versammlung haben wir, nach Aufnahme der Personaldaten, wieder laufen lassen."

„Viel Lärm um nichts also?", stichelt Beermann.

„Vielleicht. Kann man noch nicht sagen. Ein Rädelsführer ist dabei, der uns früher schon aufgefallen ist, ziemlich affektierter und aggressiver Typ. Dem traue ich zu, mehr zu wissen und auch tiefer in die Sache verwickelt zu sein, die uns beschäftigt."

„Und der wird plaudern?"

„Möglich, wenn wir ihm noch stärker auf den Zahn fühlen, diesem smarten Edmund, und noch hier und da ein Indiz aufspüren, das ihn in die Enge treibt."

„Ja, die Hoffnung stirbt zuletzt", grinst Beermann.

„Die Hoffnung und die Geduld", ergänzt Parler. „Eine große, beinah engelhafte Geduld hab ich geübt bei einem Knaben, der unter den wackeren Kameraden war und der Ihnen bekannt ist."

„Name?" Beermann starrt den Polizisten an.

„Thomas Antusch. Er hatte versucht, sich im Hintergrund aufzuhalten und heimlich aus dem Staub zu machen. Zeigte mehr Angst als Widerstandslust und erwies sich obendrein als minderjährig. Als ihm klar gemacht wurde, dass seine Eltern unterrichtet würden, geriet er fast in Panik. Und dann berief er sich auf Sie. Mit dem Pfarrer Beermann von der Jakobuskirche sei er bestens bekannt, beteuerte er. Viel fehlte nicht, und man hätte ihn glatt für Ihren besten Kumpel halten können."

„Ich habe ihn konfirmiert, das ist alles."

„Nicht alles für unseren Knaben, Herr Pfarrer. Dem fiel nämlich ein, dass Sie sein Schutzengel sein könnten. Oder sein Entlastungszeuge. Jedenfalls scheint er große Stücke auf Sie zu halten und hat uns beschworen, von einer Information seiner Eltern durch die Polizei abzusehen. Das könnte doch der Pfarrer Beermann machen, ganz sicher sei der bereit dazu, und unser Interesse, die Eltern in Kenntnis zu setzen über seinen Aufenthalt an diesem Abend, wäre vollständig befriedigt."

„Wie haben Sie entschieden?"

Jetzt grinst Parler: „Wir haben nachgegeben, geduldig und menschlich, wie wir sind. Ihrem Seelsorgebesuch bei Antuschs steht nichts im Wege. Allerdings führt nun auch kein Weg mehr daran vorbei."

Als er den Kommissar verabschiedet hat, denkt Beermann über die innere Verfassung junger Neonazis nach. Da ist Protestgebaren im Spiel, sicherlich. Ein Aufbegehren gegen

Autoritäten, mit denen man nicht zurechtkam und denen man es zeigen will. Der Gestus von Aufrichtigkeit und Stärke angesichts einer Welt von laschen Kompromissen und tonangebenden Weicheiern. Zackigkeit contra Wackelpudding. Und bei alledem die verblüffende Rolle rückwärts, die aus der vermeintlich zugeschriebenen und selbst empfundenen Minderwertigkeit in die Position des vielleicht verkannten, aber tatsächlich edlen Helden hinüberturnen möchte. Fremdbild und Selbstbild klaffen dann himmelweit auseinander. Von außen als hässlicher Nazi betrachtet, den man bloß mit Verachtung strafen kann, verkörpert er in Wahrheit das Ideal der deutschen Seele und nimmt es in Kauf, von den Korrupten und Verkorksten immer nur böswillig verkannt und geschmäht zu werden – Das Märtyrersyndrom.

Beermann weiß nicht, wie Thomas Antusch in dieses Sinne verwirrende Karussell aus Kleinmut und Überheblichkeit, aus Selbsttäuschung und Größenwahn hineingeraten ist. Aber er steckt anscheinend mitten drin. Ob er dort überhaupt wieder heil herausoperiert werden kann, ist die Frage. Eines allerdings erscheint klar: Bevor er mit seinen Eltern zusammensitzt, muss Beermann mit Thomas selber reden. Und zwar bald.

DIENSTAG, 25. APRIL 2000

Nach Ostern ist er wieder auf den Beinen. Er fühlt sich gestärkt und erneuert, persönliches Erleben von Auferweckung aus dunklen Nächten und tiefen Grüften.

Karfreitag hatte er seine Lieblingseinspielung der Johannespassion angehört. Mit Bach wurde überhaupt die ganze schwere Passion erst schön. Ergreifend schön. Die Chorpartien, einsetzend mit dem gewaltigen *Herr, unser Herrscher*; die Choräle, bis hin zum abschließenden, ihn stets zu Tränen rührenden *Ach Herr, lass dein lieb' Engelein*; dazu die gar nicht so zahlreichen Arien, in denen das Geschehen meditiert wird: Es geht ihm wie jedes Jahr zu Herzen, auch wenn er, jedes Jahr neu, die poetischen Texte aus barocker Feder erbärmlich findet. Die Musik aber veredelt sie zu Kostbarkeiten, die sich nicht abnutzen, seltsamerweise.

Jetzt ist das alles schon wieder vorbei, auch die unverhofften Maitage im April. Beermann steht am Fenster und schaut hinaus in den Regen, als ihn das Klingelzeichen an der Haustür ruft. Er öffnet und sieht sich einer stattlichen Frau gegenüber, die ihn kritisch mustert.

„Eliza Levinson", sagt sie, ohne ihm die Hand zu geben.

Sie trägt einen schwarzen Umhang, der ihr beinahe bis zu den Knöcheln reicht. Um den Hals hat sie ein rotes Tuch geschlungen, und das schwarze, mit weißen Strähnen durchzogene Haar ist straff nach hinten gekämmt und zu einem

Knoten zusammengebunden. Sie mag Anfang siebzig sein. Der braune Teint ihres Gesichts verdeckt nicht die Stirnfalten und die scharfen Linien um den Mund, den sie nahezu lippenlos verschlossen hält.

Sie sagt, sie komme aus San Francisco, und Beermann ist überrascht, dass sie ohne Mühe akzentfreies Deutsch spricht. Sie scheint es zu bemerken und fügt hinzu, ihre Kindheit habe sie in Deutschland verlebt, vor langer Zeit. Schon strafft sie sich wieder, als wolle sie sich selber den Anflug einer sentimentalen Erinnerung verbitten: „Sie prüfen mich, Herr Pfarrer, als möchten Sie herausfinden, wo ich den gelben Stern trage. Ich will es Ihnen sagen. Ich trage ihn nicht außen, auf Kleiderstoff genäht. Ich trage ihn innen, eingebrannt in der Seele."

Beermann ist erschrocken und fühlt sich schuldig, weil er sich täppisch benommen und der Frau Anlass zu einer gallenbitteren Bemerkung gegeben hat. Er entschuldigt sich und bittet Frau Levinson einzutreten und Platz zu nehmen. Sie lehnt mit einer kurzen Handbewegung ab und erklärt, sie habe bereits Kommissar Parler aufgesucht, der habe ihr ausführlich berichtet. Ein eifriger Polizeimann, aber ohne Biss. Ein junger Beamter, der schon Routine einsetze, wo Leidenschaft hingehöre. Er werde nichts bewerkstelligen in dieser Mordsache. Ein bisschen Staub aufwirbeln und ein paar Kilogramm Akten anlegen, dann sei das Ganze gegessen und könne verdaut und ausgeschieden werden. Beermann versucht einzuwenden, dass er Parler für einen fähigen Kriminalpolizisten halte, der nicht locker lassen werde. Eliza Levinson sieht ihn spöttisch von der Seite an und sagt: „Lassen wir das, Herr Pfarrer, ich möchte Sie bitten, mir den Platz zu zeigen, wo mein Mann gelegen hat."

Er begleitet sie hinüber zur Kirche und fühlt sich gehemmt wie ein Schuljunge, ein Gespräch zu beginnen. Eliza

Levinson schreitet neben ihm, aufrecht und dunkel wie eine Verkörperung der Nemesis. Vor den Rhododendronstauden halten sie an, Beermann deutet auf die Stelle, wo er den Toten gefunden hat. Die Frau steht wie eine Statue, auch ihr Gesicht verrät mit keinem Zug ihre innere Bewegung.

„Er war ein Idiot", sagt sie unvermittelt, „aber sein Herz war eine einzige große Wunde."

Dann schweigt sie wieder.

„Mit dem Idioten ließ sich auskommen. Aber ein Herz, das eine offene Wunde ist, erträgst du nicht auf die Dauer."

Dann, nach einer Weile des Dastehens wie in einem Traum: „Ich werde seinen Leichnam überführen lassen nach Los Angeles... Es geht nicht anders... In diesem Land gibt es keinen Quadratmeter Erde, unter dem er liegen könnte, ohne zu schreien."

Mit einem plötzlichen Ruck ihres massigen Körpers wendet sie sich um und kehrt langsam den Fußweg zurück, den sie gekommen waren.

„Ich möchte Sie bitten, mir das Bild zu zeigen", sagt sie.

Beermann ist froh, irgendetwas tun zu können, führt sie in seine Wohnung, lässt sie in der Sofaecke Platz nehmen und erkundigt sich, ob er ihr einen Tee anbieten könne oder einen Kaffee. Seine Frau sei im Augenblick nicht daheim, aber es mache ihm keine Umstände, etwas Heißes zuzubereiten.

Frau Levinson antwortet nicht, als sei sie schwerhörig oder geistig ganz woanders.

Er holt das Bild und stellt es vor ihr auf. Sie betrachtet es mit weit aufgerissenen Augen. Nimmt es vom Tisch mit einer Behutsamkeit, mit der eine junge Mutter ihr Kind aus der Wiege aufnehmen würde. Dann hält sie es mit ausgestreckten Armen vor sich hin und betrachtet es schweigend weiter, wie herausgefallen aus aller Zeit. Sie setzt den Rahmen auf ihren Schoß und fährt mit den Fingerkuppen ihrer rechten Hand unendlich zärtlich über die gemalten Bäume, die menschlichen Gestalten. Beermann wagt nicht, ihre Begegnung mit dem Bild durch ein Wort oder eine Geste zu stören. Es ist wie ein Wiedersehen nach langer Zeit. Er empfindet den Drang zu fragen, ob und wo sie das Bild schon einmal gesehen habe, zieht es aber vor zu schweigen wie sie, vermutlich würde sie auch gar nicht antworten, ihn nicht einmal hören.

Als sie endlich aufblickt, macht sie den Eindruck, als sei sie erstaunt über seine Anwesenheit. „Der Satz", sagt sie, „Parler erwähnte einen hebräischen Satz, der bei dem Bild gefunden wurde."

„Auf der Bildrückseite. Er steckt dort in der Lasche."

Sie wendet das Bild, fingert den Kartonstreifen heraus und liest. „Ja", sagt sie. Und nach einer Pause: „Ja. Aber es ist noch nicht wahr geworden."

Als sie das Bild mit äußerster Vorsicht wieder auf den Tisch gelegt hat, erhebt sie sich. Beermann lädt sie ein, noch ein wenig zu bleiben, erneuert sein Angebot von Tee oder Kaffee und gesteht auch, nichts von ihr zu wissen und mit Fragen angefüllt zu sein bis zu den Haarwurzeln. Sie winkt mit einer Entschiedenheit ab, die alle weiteren Versuche erübrigt, und sagt, sie habe nichts mitzuteilen. Sie werde die erforderlichen Formalitäten für die Überführung des Toten erledigen und dann die nächste Maschine in die Vereinigten Staaten nehmen. Hier sei die Luft zu schwer für sie zu atmen, auch brenne der Boden unter ihren Füßen.

Beermann begleitet sie zur Tür, die Treppe hinunter und vors Haus. Als er sie fragt, ob er sie mit dem Wagen irgendwohin bringen könne, verneint sie knapp. Er blickt ihr nach und denkt: Nach den Rätseln des Bildes, des hebräischen Bibelzitats, des ermordeten Juden – nun auch noch das Rätsel dieser Frau.

Ein Idiot, sagte sie; aber mit einem Herzen, das eine einzige große Wunde war.

Was wollte der Mann bei der Kirche?

Und was veranlasste jemand anderen, ihn umzubringen?

DONNERSTAG, 27. APRIL 2000

Nach einem Morgenspaziergang im nahen Stadtwald, den er sich während der Osterferientage statt des ungeliebten Unterrichts in der Schule leistet, zieht Beermann einen Brief aus dem Postkasten. Absender ist Dr. Moser, Internist und Kirchengemeinderat in vorgerückten Jahren, der sich gerade zur Kur in Bad Pyrmont aufhält. Merkwürdig, dass er sich veranlasst sieht, ihm einen Brief zu schreiben. Auf dem Balkon rückt Beermann sich einen Korbsessel zurecht, öffnet das Schreiben und liest:

Bad Pyrmont, 25. April

Lieber Herr Pfarrer,
es kommt nicht häufig vor, dass ich lange Briefe schreibe, weil ich viel zu bequem bin, und Ihnen habe ich überhaupt noch nicht geschrieben.

Worum es geht?

Nun, ich bin hier im Westfälischen, nicht weit von Pyrmont, dem alten Kurbad, in dem schon Preußenkönige ihr saures Wässerchen geschlürft haben, auf eine Kuriosität gestoßen, die Sie interessieren dürfte.

Einer meiner kleinen Ausflüge führte mich gestern vor die Tore Lemgos, der ehemals lutherischen Bastion im reformierten Lippe, und dort zum Schloss Brake, das eine Ausstellung über die Weserrenaissance beherbergt.

Nun, da entdeckte ich etwas, das mich schlagartig an unser verflixtes Rätselbild erinnerte. Sie meinen ja im Windschatten des Rabbiners, dass das Bild aus jüdischen Kreisen stamme. Aber vielleicht ist doch alles anders! Jedenfalls ist eine ähnliche Darstellung, die ich hier im Schloss Brake und anschließend auch noch in Lemgo gesehen habe, ganz eindeutig christlicher Herkunft!

Also: Ich sehe da plötzlich im Untergeschoss der Ausstellung eine so genannte Beischlagwange von 1537, damit wurden offene Vorbauten am Haus abgeschlossen. Und das Relief zeigt einen Baum in der Mitte, und zwar zweigeteilt, zur Linken abgestorben, zur Rechten blühend. Auffällig, nicht wahr? Im linken Feld ist die Szene vom Sündenfall dargestellt, unten der Tod, oben Mose, der die Gesetzestafeln in Empfang nimmt. Auf der rechten Bildhälfte erscheint der gekreuzigte Christus oben und der auferstandene unten. Die Aussteller haben dem Relief das Titelblatt einer niederländischen Bibel von 1533 beigegeben, das als Vorlage gedient haben könnte. Deutlich ist das Grundmotiv des Baumes, dessen lebendige und abgestorbene Hälfte jeweils den Ort des Lebens und des Todes bestimmen. Unter dem Baum steht ein Mensch, *der* Mensch vermutlich, Adam, der sich zwischen der einen und der anderen Seite zu entscheiden hat, flankiert von Prophetengestalten.

Und nun denken Sie: Mit dieser verblüffenden Parallele zu Hauptmotiven auf unserem Bild von der Kirchenbühne beschäftigt, komme ich nach Lemgo, in die alte Kirche St. Nicolai, in der rasch mein Blick auf ein stattliches Sandsteinepitaph fällt, das am südlichen Mittelpfeiler angebracht ist. Die Datierung auf dem Epitaph nennt das Jahr 1587. Es gilt einem westfälischen Rittmeister in niederländischen Diensten, der im Kampf gegen Spanien gefallen war, Moritz von Donop mit Namen. Und siehe da, die Reliefdarstellung auf dem Epitaph zeigt in der Bildmitte den Stamm eines mächtigen Baumes, der sich teilt – zur Rechten in eine lebendig blühende, zur Linken in eine verdorrte Hälfte. Unter dem Baum sitzt die Gestalt eines Menschen, unentschieden offenbar bei der Wahl zwischen rechts und links. Propheten zu seiner Seite weisen freilich mit Nachdruck zur rechten Bildhälfte. Da erscheinen in drei Abschnitten die Ankündigung der Geburt Jesu an Maria oben, dann der gekreuzigte Christus mit den Figuren des Rittmeisters und seiner Gemahlin in der Mitte und schließlich unten der auferstandene Christus mit dem Kreuzstab, der ein Skelett unter seine Füße stößt. Links im Raum des Vergehens erkennt man im unteren Segment den Sündenfall beim Baum der Erkenntnis, dann die Aufrichtung der Ehernen Schlange in der Wüste und endlich oben die Sinaiszene, als Mose die Tafeln des Gesetzes empfängt.

Nun sind Einzelzüge der Darstellung zweifellos andere als die auf unserem Fundstück. Aber die Thematik ist doch erstaunlich übereinstimmend, das Feld des Todes und das Feld des Lebens, der Baum dazwischen, der zur einen Seite hin grünt und zur anderen kränkelt und stirbt. Und der Mensch dazwischen, zur Wahl bestimmt und anscheinend unschlüssig, wohin er sich wenden soll.

Mir sind bei Betrachtung der Reliefs Bedenken gekommen, ob das Bild vom Kirchenspeicher wirklich jüdischen Ursprungs ist. Ich versuchte auch, mich kundiger zu machen, und habe in einem Werk über Kunst in Ostwestfalen nachgeschlagen. Da wird vermerkt, dass das Motiv selten sei, als Relief erst recht, und dass es möglicherweise auf Lucas Cranach d. Ä. zurückgehe, eine Zeichnung von ihm, später noch einen Holzschnitt, um 1530. Absicht sei gewesen, die Grundunterscheidung der lutherischen Reformation zwischen Gesetz und Evangelium bildhaft darzustellen.

Ich hoffe, mit meinen Entdeckungen Ihre bereits gefestigte Meinung über das Rätselbild wieder ein wenig verflüssigen zu können.

Mit freundlichen Grüßen

Ihr Herbert Moser

Beermann liest den Brief zweimal, faltet ihn zusammen und steckt ihn in die Jackentasche. Trotz thematischer und ikonographischer Berührungen glaubt er nicht, dass das Bild vom Kirchenspeicher christlicher Herkunft ist. Sonst passte überhaupt nichts mehr zusammen.

Doch eine andere Verbindung nimmt ihn gefangen: dieser eklatante Antijudaismus nämlich in einem reformatorischen Bekenntnisbild. Die Unterscheidung von Gesetz und Evangelium führt die Unterscheidung von Altem und Neuem Bund mit sich und dann – in einem weiteren Schritt – die schroffe Trennung zwischen Jüdischem und Christlichem. Der Raum der verdorrten, leblosen Bildhälfte ist der Raum jüdischen Glaubens und Lebens, da ist Mose mit den Gesetzen, da ist die Eherne Schlange, da ist der Sündenfall. Alles unter dem Zeichen des Todes, des Vergangenen und Erledigten. Von dieser Seite kann der Mensch, wenn er nicht mit Blindheit geschlagen ist, nur Abstand nehmen. Die Wende muss zur rechten Seite hin erfolgen, in den Raum des Lebens und der Zukunft, das ist der Raum des Christlichen. Und in kunstvoller Parallelität wird da das Endgültige dem Vorläufigen, das Blühende dem Verdorrten gegenübergestellt: den Gesetzestafeln – die Ankündigung der Geburt Jesu; der Erhöhung der Ehernen Schlange – die Erhöhung Jesu ans Kreuz der Erlösung; dem todbringenden Sündenfall – der Sieg des Auferstandenen über den Tod.

Eine polemische Theorie, die mitschuldig wurde am Werden eines schlimmen Überlegenheitsgefühls von Christen gegenüber Juden und dies im Zentrum reformatorischen Denkens und Kunstschaffens. Was in kabbalistischer Tradition einmal die Unterscheidung von äußerer und innerer Thora, von Exilszeit und Erlösungszeit betraf, ist hier zu einem Trennungsschema geworden, das alles Jüdische dem Tod und nur das Christliche dem Leben zuordnet.

Von dieser Geisteshaltung ist auf dem Bild, das nach Jahren des Vergessens auf einem Speicher wiedergefunden wurde, wahrhaftig nichts zu erkennen.

Beermann holt das Bild aus seinem Versteck, um es noch einmal in Ruhe zu betrachten. Er zieht den Karton aus der rückwärtigen Lasche und liest das Zitat aus dem Danielbuch. Die deutsche Übersetzung hat er im Kopf: *Haut den großen Baum um und hackt seine Zweige ab*. Er buchstabiert das aramäische Original, stutzt, buchstabiert nochmals und schlägt sich mit der Handfläche vor die Stirn: Das aramäische Wort, das die deutsche Übersetzung mit *großer Baum* wiedergibt, lautet *ilana*. Er zieht sein Lexikon zu Rate und sucht und findet die Vokabel und ihre Bedeutungen: *ilana* kann mit *Baum* oder *großer Baum* wiedergegeben werden, aber auch mit *Eichbaum*. Und *Eichbaum* könnte ein Name sein! Wenn dies zutrifft, dann wollte derjenige, der das Danielwort dem versteckten Bild zugefügt hatte, auf einen Mann namens Eichbaum hinweisen. Aber warum in dieser verschlüsselten Form? Eliza Levinson hatte den Streifen gesehen und den Satz gelesen. Hatte sie eine Ahnung, worum es ging? War sie bereits unterwegs, auf eigene Faust nach dem geheimnisvollen Menschen zu fahnden?

* * *

Dr. Eyrich vom Stadtarchiv gilt als intimer Kenner der lokalen Geschichte während der nationalsozialistischen

Herrschaft. Beermann hat einen Termin vereinbart mit ihm, um Auskünfte über das Leben der jüdischen Stadtbevölkerung Anfang 1942 einzuholen. Die Eintragung von Pfarrer Bach im Fahrnisverzeichnis der Jakobuskirche nannte als Datum den 28. April 1942 für die Entgegennahme eines offenkundig jüdischen Bildes. Deportationen waren aber schon vorher erfolgt.

„Richtig", sagt Dr. Eyrich, „aber Sie müssen nicht nur an die organisierten Verschleppungen denken. Die Situation für jüdische Familien war schon Jahre früher prekär, eine Schlinge um den Hals, die langsam zugezogen wurde. Auswanderungen fanden also lange vor 1942 statt, legal und illegal, aber das wurde allmählich immer schwieriger. Dann gab es die großen Deportationen 1941 und 1942. Die erste war im Spätherbst 1941... warten Sie." Dr. Eyrich greift in ein Regal hinter seinem Rücken, holt einen Dokumentenband hervor, schlägt ihn auf und liest: ‚Erlass der Geheimen Staatspolizei vom 18. November 1941 an die Landräte und Polizeidirektoren btr. Abschiebung von Juden in das Reichskommissariat Ostland. Vermerk: Eilt sehr!' „Und dann wird mit bürokratischer Gründlichkeit aufgelistet, wie die Sache abzuwickeln ist. Die Organisation des Massenmords läuft ab wie ein Verwaltungsakt, an dem verschiedene Behörden beteiligt sind. Die für diese Deportation Ende 1941 erfassten Juden waren nach dem Willen der Verordnung jung, gesund und arbeitsfähig. Familien wurden auseinandergerissen. Jeder, der für den Transport bestimmt war, bekam mit der Aufforderung eine Transportnummer zugestellt, das erleichterte die Kontrolle. Es gab schriftliche Anweisungen hinsichtlich des Gepäcks, das mitgeführt werden sollte, vor allem was handwerkliches Gerät oder Küchengeschirr betraf. Damit nährte man die Illusion, das Ziel der Reise sei ein Siedlungsgebiet im Osten. Aber man kam nicht an, wohin man zu kommen gedacht hatte. Die etwa tausend Deportierten landeten bei Riga, ihre angebliche Siedlung entpuppte sich als KZ, der Weg hinein war eine tödliche Einbahnstraße."

„Aber H., die in unserem Kirchenverzeichnis genannte Person, scheint im April 1942 noch daheim gewesen zu sein."

„Durchaus möglich. Es war Ende 1941 ja nur der erste, wenn auch große Schub. Das Datum in Ihrem Verzeichnis spricht für die nächste Abschiebeaktion. Die war im April 1942. Genauer am 26. April. Ihre Eintragung datiert vom 28. April. Das ist also zwei Tage später. Sollte H. mit diesem Transport weggeschafft worden sein, dann hat entweder Pfarrer Bach seine Eintragung nicht mit dem Datum der Bildübergabe versehen, sondern mit dem Datum seiner Notiz, oder das Bild wurde nicht von H. abgeliefert, sondern von jemand anderem."

„Der Transport vom April 1942 ging auch nach Riga?"

„Nein, nach Izbica im Distrikt Lublin. Der Schrecken wird da wie dort ähnlich gewesen sein, und die Beteiligten bei dieser zweiten Deportation hatten auch längst keine Illusionen mehr. Nachrichten über die Katastrophe des ersten Transports waren bereits durchgesickert."

„Was das gefundene Bild betrifft – vielleicht sollte es konfisziert werden, und H. oder jemand anderer hat es beiseite geschafft und nachher dem Pfarrer der Jakobuskirche anvertraut. Wie lief das denn mit den jüdischen Vermögen ab in diesen Monaten?"

„Nun, auf Vermögenswerte der jüdischen Bürgerschaft hatte der NS-Staat einen großen Appetit. Denken Sie nur daran, dass schon am Tag nach der Reichspogromnacht eine staatliche ‚Verordnung über die Sühneleistung der Juden deutscher Staatsangehörigkeit' herauskam. Das war nichts anderes als ein infamer Kniff, den Juden reichlich Geld abzuknöpfen.

Man beziffert die Kontribution auf gut eine Milliarde Reichsmark. Und das bedeutete Abgaben für Juden in Höhe von 20%, etwas später von 25% ihres Vermögens.

Nicht mehr prozentual, sondern total wurde der Zugriff des Staates auf jüdisches Vermögen im Zusammenhang der organisierten Deportationen. Auch dabei ging es sehr ordentlich zu, dem Papier nach, man befand sich ja nicht unter Räubern!"

„Wie war der Vorgang?"

„Der wurde geregelt durch eine 11. Verordnung zum Reichsbürgergesetz vom 25. November 1941. Demnach hatten alle Juden, die den Bescheid über ihre bevorstehende Verschleppung zugestellt bekamen, eine ausführliche Vermögenserklärung abzuliefern. Wenn Sie sich die entsprechenden Formulare ansehen, gehen Ihnen die Augen über. Da ist nichts ausgelassen und nichts zu belanglos, in der Liste zu erscheinen. Von Wertpapieren über Möbelstücke bis hin zum letzten Hosenknopf sozusagen. Das ist das banale Gesicht der Infamie. Und stellen Sie sich vor: Jemand, dem gerade sein Todesurteil in die Hand gedrückt worden war, sollte nun obendrein die Aufgabe erfüllen, seine gesamte Habe bis aufs Kleinste schriftlich zu fixieren, auf dass der Staatskasse auch kein Groschen durch die Lappen gehe."

„Wer war zuständig?"

„Die Gestapo machte den Büttel, sie hatte die konkrete Einziehung oder Sicherstellung der Vermögen zu besorgen. Aber sie tat es im Dienst der Finanzämter oder der Landrats- oder Bürgermeisterämter. Im Sammellager – das ist auch noch mal eine Pointe des Wahnsinns – erschien dann bei den zusammengetriebenen Juden der Gerichtsvollzieher mit Bescheiden, die darüber informierten, dass die Deportierten mit Verlassen der Reichsgrenzen ihre deutsche Staatsangehörigkeit verlören und damit ihr gesamtes Vermögen zugunsten des Reichs eingezogen werde. Und es wäre nicht deutsch und korrekt zugegangen, wenn man's versäumt hätte, die Todgeweihten diesen letzten Bescheid auch noch einmal unterschreiben zu lassen."

„Und später? Wie wurde praktisch mit dem einkassierten Vermögen umgegangen?"

„Erst mal wurden Wohnungen und Häuser versiegelt. So war das jedenfalls angeordnet. Gelegentlich, also bei einer größeren Immobilie, konnte auch ein Hausverwalter eingesetzt werden. Die zuständigen Finanzämter hatten den Auftrag, die Güter der Verschleppten zu versteigern, es sei denn – das Wirtschafts- und Verwaltungshauptamt der SS legte seine gütige Hand darauf und bestimmte das Objekt zu eigener Verwendung."

* * *

Am selben Nachmittag parkt der Bus am Straßenrand neben der Kirche. Erster Jahresausflug mit Senioren ins Grüne. Beermann hatte die Begleitung zunächst seiner Frau überlassen, sich zuletzt aber doch entschieden auch mitzufahren.

Der Bus ist gut besetzt, man erwartet jedoch noch eine hoch betagte Mitfahrerin, die grundsätzlich nicht pünktlich sein kann. Zehn bis fünfzehn Minuten muss man bei ihr immer zugeben. Dann erscheint sie, wie auch in diesem Fall, ein wenig erstaunt und uneingeschränkt fröhlich, strahlt Beermann an und fragt unschuldig: „Bin ich etwa zu spät, Herr Pfarrer?"

Frau Reifenstein hat zur Feier des Tages Rouge aufgelegt, den Schwung ihrer Lippen mit kräftigem Rot unterstrichen und die Wimpern getuscht. Sie klettert in den Bus und begrüßt die übrigen mit großer Herzlichkeit.

Die Reise führt ins obere Neckartal. Bei Horb geht es von der Höhe in Windungen hinunter. Die Brücke wird überquert, auf der anderen Seite rollt der Bus flussaufwärts und man hat Gelegenheit, am Hang gegenüber die Dächer und Fassaden der mittelalterlichen Gebäude zu betrachten.

Ziel des Ausflugs ist Rexingen. Ein Dorf, nicht weit oberhalb von Horb gelegen, am Fuß eines Seitentales, das sich in den Schwarzwald hinaufzieht. Der Ort hatte bis zu den Gewaltmaßnahmen im Dritten Reich eine gemischte Bevölkerung aus Christen und Juden, die nicht schlechter miteinander arbeitete und lebte als die Bürgerschaft in anderen Orten. Das Recht auf Ansiedlung war von Johannitern gewährt worden zu Zeiten, als Städte und Fürsten in der Regel den Juden Wohnraum und Erwerbsrechte verweigerten. In Rexingen wurden jüdische Familien heimisch, züchteten und verkauften Pferde, handelten mit Rindern, bauten ihre Synagoge und legten einen eigenen Friedhof an.

Von alledem ist nicht mehr geblieben als Spuren der Erinnerung. Anfang 1938 fand eine erste *Aliyah*, eine Auswanderung Rexinger Juden nach Palästina statt, wo am Meer bei Akko ein Stück Siedlungsland erworben worden war. Ein blühendes bäuerliches Gemeinwesen entstand, Shavei Zion, Heimkehr nach Zion. Die Mehrheit, die am Rande des Schwarzwaldes geblieben war, musste bald erfahren, wie rasch und grausam sich Heimat in Fremde und Freiheit in Exil verwandeln kann. In der Pogromnacht wurde auch die Rexinger Synagoge geschändet, die alte Dorfgemeinschaft zerriss, Verhaftungen fanden statt und Repressalien – zuletzt die Deportationen über das Sammellager nach Osten.

Die Gruppe wandert hinüber auf die südliche Talseite und aufwärts in den Wald zum Friedhof. Außer Vogelstimmen und dem Flüstern des Windes in den Baumkronen ist es still. Die Grabanlagen ziehen sich am Hang entlang, eine beträchtliche

Strecke, die Toten von Generationen haben hier ihren Platz gefunden, Reihen von Kindergräbern an besonderer Stelle. Und alles versammelt in der Gemeinschaft von Herkommen und Erwartung, sämtliche Grabsteine nach Osten gerichtet, das wandernde Volk Gottes auf dem Heimweg nach Jerusalem. Wenn auch das Ankommen niemals gelang, ist doch die Hoffnung lebendig geblieben, sogar an der Stätte der Toten.

Die Jahreszahlen auf den Grabsteinen verdeutlichen, wann die Bestattungen aufhörten. Mit den Jahren der Deportation endet die Chronologie der Inschriften. „Den letzten Generationen der Großeltern, Eltern und Kinder blieb nicht mehr das Recht, auf diesem Friedhof beerdigt zu werden", sagt Beermann. „Sie gingen unter in einem zweiten Exil, in dem alles Leben erlosch."

„Ja", sagt eine Stimme hinter ihm, „so war's wohl damals bei den Hirschbergers."

Beermann dreht sich um und sieht in das Gesicht der alten Frau Reifenstein, aus dem alle Fröhlichkeit gewichen ist. Sie hindert ihre Tränen nicht, die schwarze Wimperntusche über die Wangen herabzuführen. „Man hat es fertig gekriegt, zuerst die Seele der Menschen abzutöten, bevor man ihren Leib zu Tode brachte", fügt sie leise hinzu und wendet sich dann mit einer heftigen Bewegung ab. Bettina bittet die übrigen, allmählich den Rückweg zum Bus anzutreten, dann nimmt sie Frau Reifenstein beim Arm und geleitet sie zum Waldweg hinauf. Sie lässt es sich gern gefallen und sagt: „Wie dumm von mir, loszuheulen wie ein Kind, verzeihen Sie bitte!"

Bettina findet, dass es keinen Anlass gebe, sich zu genieren, wenn die Tränen kommen wollen an so einer Stelle, und Frau Reifenstein nickt und lächelt schon wieder. „Es war ja bloß", sagt sie, „weil ich vorhin, als die Geschichte der Deportationen angesprochen wurde, an unseren Nachbarn Dr. Hirschberger denken musste."

Plötzlich hat Bettina die Eintragung aus dem Fahrnisverzeichnis vor Augen, die Namensabkürzung H. Jetzt redet die alte Dame von einem früheren Nachbarn Dr. Hirschberger. Ob das der Mann sein könnte, der das kabbalistische Bild besessen und an Julius Bach zur Aufbewahrung gegeben hat?

„Sie sagen, Dr. Hirschberger sei Ihr Nachbar gewesen?", fragt Bettina vorsichtig nach.

„Ja, ein paar Häuser weiter", bestätigt Frau Reifenstein.

„Wie gut kannten Sie ihn?"

„Nun, befreundet waren wir nicht, das wäre übertrieben. Wir grüßten uns auf der Straße, hielten gelegentlich auch einen Schwatz, und die kleine Tochter, Esther hieß sie, war ein bezauberndes Ding, hübsch und gescheit und immer zu einem Schabernack aufgelegt."

„Dr. Hirschberger war Arzt?"

„Ja. Aber er hatte seine Praxis nicht im Haus, sondern in einem anderen Stadtteil; das heißt, solange die Behörden ihm erlaubten, seinen Beruf auszuüben."

„Sie wissen anscheinend, was mit den Hirschbergers passiert ist?"

„Nicht genau. Wer wusste damals schon Genaues über all die schrecklichen Dinge? Man wollte es ja auch nicht gar so genau erfahren, oder? Von den Hirschbergers weiß ich nur, dass sich eine Tragödie abgespielt haben muss, in mehreren Akten sozusagen – mein Gott, ich habe im Grunde noch nie zu jemandem gesprochen darüber."

„Sie müssen es auch jetzt nicht tun", sagt Bettina, „aber Sie können es tun. Ich höre einfach zu, und vielleicht ist es für Sie eine gewisse Erleichterung, wenn es einmal heraus ist."

„Ach, wissen Sie", sagt Frau Reifenstein, „ich war ja noch jung damals. Anfang zwanzig, ich studierte in München, da war ich nicht ständig daheim, sondern nur zu kurzen

Besuchen, an Wochenenden oder mal in den Semesterferien. Und dann erfuhr ich, es muss 1941 gewesen sein, dass die Frau Hirschberger – eine feine und gebildete Dame, manche in der Nachbarschaft nannten sie auch eingebildet – dass also Frau Hirschberger zwei Selbstmordversuche machte, ziemlich kurz hintereinander. Der erste misslang, beim zweiten kam sie zum Ziel. Ich erinnere mich gut, wie meine Mutter mir die Geschichte erzählte. Dr. Hirschberger sei noch stiller geworden als er's ohnehin schon war, sagte sie, und das Mädchen Esther habe man überhaupt nicht mehr auf der Straße gesehen. Nachdem ein paar Mal SS-Leute das Haus der Hirschbergers aufgesucht hatten, seien Vater und Tochter eines Tages verschwunden gewesen. Meine Mutter sagte, sie hätten alle an Verschleppung gedacht, aber das sei wohl nicht der Fall gewesen. Vermutet wurde deshalb, dass Vater und Tochter irgendwo untergetaucht sind. Ihr Haus wurde beschlagnahmt, und die SS machte sich breit darin. Die Nachbarn bemerkten es und schwiegen, es hatten ja alle Angst und bevorzugten die Taktik, sich herauszuhalten. Die Taktik der Feiglinge." Frau Reifenstein stößt diese Worte verächtlich aus, schnäuzt sich mit ihrem Taschentuch und säubert ihr Gesicht von getuschten Tränenstraßen.

Sie atmet kräftig durch und sieht Bettina fragend an: „Wollen Sie das denn wirklich alles wissen, Frau Pfarrer?"

„Aber ja, es interessiert mich sehr."

„Gut – der nächste Akt im Familiendrama liegt viel tiefer im Verborgenen für mich. Es müssen Wochen gewesen sein, vielleicht auch Monate, in denen Dr. Hirschberger und seine Esther irgendwo versteckt waren, ich weiß bis heute nicht wo. Und dort im Versteck muss die Tragödie sie eingeholt haben, denn Dr. Hirschberger tauchte plötzlich wieder auf, ganz kurzfristig, aber allein. Esther war nicht dabei und wurde auch nie mehr gesehen, und ein Gerücht wusste, sie sei umgebracht worden. Aber bitte, das war nicht mehr als eine Vermutung, die in der Nachbarschaft erzählt wurde."

„Und der Arzt?"

„Er war so plötzlich, wie er eines Tages erschienen war, auch wieder verschwunden. Das war Ende April 1942, und ich habe es deshalb so gut im Gedächtnis, weil meine Eltern annahmen, er sei mit dem großen Deportationszug weggebracht worden. Man hat nie wieder von ihm gehört. Wahrscheinlich ist er in einem Lager umgekommen."

„Dann könnte es zutreffen, dass mit dem H. dieser Dr. Hirschberger gemeint war", sagt Bettina mehr zu sich selbst als zu der Erzählerin.

„Was meinen Sie?", erkundigt die sich prompt.

Bettina erzählt ihr von der Eintragung im Fahrnisverzeichnis der Kirche und von dem Bild, um das es dabei gegangen sei. Aber Frau Reifenstein weiß nichts von einem Bild, das sich in einen Zusammenhang mit der Familie Hirschberger und mit ihrem Schicksal bringen ließe. „Schade", sagt sie. „Und fragen können wir auch keinen mehr. Sie sind alle tot, alle ermordet, weil sie das Verbrechen begangen haben, Juden zu sein."

„Von Esther weiß man wohl nicht mit Sicherheit, ob sie tot ist?"

„Nein, das stimmt. Aber ich weiß auch nicht, ob ich ihr wünschen sollte, dass sie das Grauen überlebt hat."

* * *

Bei der Rückfahrt nimmt Beermann sich vor, noch am Abend Kontakt mit Thomas Antusch aufzunehmen. Er muss seinen eigenen Schatten überwinden dazu, seine Feigheit, seine Bequemlichkeit. Unangenehmes hat er immer gern auf die lange Bank geschoben und darauf gesetzt, dass vieles sich durch Abwarten erledigt. Doch in diesem Fall darf er nicht zu lange zögern. Parler wird nachfragen. Und überhaupt ist er's den Eltern Antusch schuldig, dass er sich rührt. Ob mit Erfolg oder ohne, ist zweitrangig.

Die Reisenden im Bus sind erfüllt von neuen Eindrücken und singen verfrüht, aber mit Hingabe das Lied vom Mond, der aufgegangen ist. Die Wolken, die schon bald nach Mittag von Westen aufzogen, haben sich verdichtet. Allmählich kommt Wind auf, wühlt in den Bäumen und wuchtet gegen die Scheiben. Es dämmert vor der Zeit. Donner rollt wie Lärm aus schweren Geschützen, Blitze zeichnen grelle Linien über den Himmel.

Ohne Übergang prasselt auf einmal der Regen nieder, die Landschaft verschwimmt hinter Schleiern, die Straße dampft, bevor sie überschwemmt wird von einer raschen Flut. Der Fahrer drosselt das Tempo und teilt mit, er werde bei nächster Gelegenheit halten und das Unwetter vorüberziehen lassen. Das Lied vom Mond ist verstummt, stattdessen trommeln zahllose Schlegel auf das Dach des Busses wie auf eine große Pauke, und der Wind treibt Blätter und abgerissene Zweige vor sich her. Eine Ortschaft wird erreicht, der Vorplatz zu einem Hof mit Scheune. Der Wagen hält, die Insassen lehnen sich zurück und fangen wieder an zu reden. In kurzer Folge jagen sich Blitz und Donner. Der Fahrer, der zur Ablenkung Unterhaltungsmusik eingespielt hat, wird gebeten, das Gedudel abzustellen; die Gewalt des Wetters hat eine Würde, der man sich ungern entzieht. Kein Mensch erscheint auf der Straße, das Dorf wirkt wie ausgestorben.

Nach und nach werden die Blitze spärlicher, das Donnergrollen entfernt sich, und der Bus setzt sich wieder in Bewegung. Sie durchqueren den Ort, in dem sich noch immer nichts regt, gelangen auf die Landstraße, auf der Abgerissenes von den Bäumen in kleinen Seen treibt.

Als sie schließlich um die Straßenecke zum Parkplatz der Jakobuskirche einbiegen, steht vor ihnen ein Feuerwehrwagen, mit ausgefahrener Leiter, die hinüber zum Kirchendach geschwenkt ist. Hat dort etwa der Blitz eingeschlagen und einen Brand verursacht? Doch man sieht keinen Rauch. Als sie näher heran kommen, stellen sie fest, dass die gewaltige Kastanie, die das Rasenstück zwischen Kirche und Straße beherrschte, aufs Dach der Kirche gestürzt ist und Schaden angerichtet hat. Aber es ist nicht der ganze Baum. Er wurde wie von einem gigantischen Schwertstreich zerteilt, die eine Hälfte fiel auf das Dach, die andere Hälfte ragt, zu Tode getroffen, aber immer noch aufrecht mit halbiertem Leib, der von oben nach unten aufgeschlitzt wurde, in die Höhe.

Beermann springt aus dem Bus, läuft zum Feuerwehrwagen und trifft am Fuß der Leiter einen Mann, der ein Seil einrollt. Er erklärt, dass ein Blitz in den Baum gefahren sei und eine Hälfte auf die Kirche geworfen habe. Sie seien sofort alarmiert worden und auch zügig zur Stelle gewesen, aber die Sache sei nicht annähernd so dramatisch wie befürchtet. Nein, verletzt sei niemand. Natürlich sei Sachschaden entstanden, zwei Fenster zum Kirchenraum seien zerbrochen, dazu eine Menge Ziegel auf dem Dach. Die Kastanienruine werde man absägen und fortschaffen müssen.

„Ach, noch etwas", ergänzt der Mann, „in der Kirche ist Polizei. Anscheinend zu einer Vernehmung. Aber ich kann mir nicht recht vorstellen, wie das mit dem Gewitter hier draußen zusammenhängen soll."

Im Kirchenraum stößt Beermann auf Sibylle Brotbeck, die sofort auf ihn zu stürmt und aufgeregt erzählt: „Stell dir vor, was passiert ist! Ich hatte noch ein paar Überstunden im Büro gemacht, als das Gewitter aufzog und ich plötzlich von einem furchtbaren Krachen aufgeschreckt wurde. Ich bin hinausgestürzt und habe gleich die Bescherung gesehen und die Feuerwehr angerufen. Die kam auch schnell und fischte in der Kirche einen völlig verstörten Menschen auf, der von Gewalt und Überfall daherredete. Und was meinst du? Es war Mesner Wilhelm! Die Feuerwehr hat gleich Notarzt und Polizei informiert, aber Wilhelm hat sich bald wieder erholt, so dass der Arzt ihm nur ein Beruhigungsmittel verabreichte. Aber Parler erschien auf der Bildfläche und nahm sich Zeit für Wilhelm, um ihn erzählen zu lassen. Ich habe ihnen dafür einen Raum im Pfarramt überlassen."

„Hast du eine Ahnung, was Wilhelm zugestoßen ist?"

„Nein, nicht den geringsten Schimmer."

Im Büro trifft Beermann nur noch den Kommissar an, Wilhelm ist bereits gegangen. Er brennt vor Neugier, aber Parler lässt sich nicht stören und vollendet Notizen auf einem Block, den er auf seinen Knien hält. Er setzt einen energischen Punkt und fragt Beermann, ob er Interesse habe zu hören, was vorgefallen sei.

„Und ob!", ist die Antwort.

Gut, meint Parler, dann wolle er mal der Reihe nach erzählen, es sei auch nicht schlecht für ihn selbst, die Dinge so genau wie möglich zu rekapitulieren:

„Mesner Wilhelm war also am Nachmittag gegen fünf Uhr damit beschäftigt, die Pflanzen im Altarraum der Kirche zu pflegen, als jemand durch die Eingangstür trat und in der letzten Stuhlreihe Platz nahm. Wilhelm dachte sich nichts dabei und ging einfach weiter seiner Arbeit nach.

Aber wie er so im Altarraum vor einem Pflanzenkübel kniete, merkte er plötzlich, dass eine Person dicht hinter ihm stand und ihn auch gleich aufforderte, sich zu erheben. Er wandte sich um und sah eine Frau vor sich, mit einem weiten dunklen Umhang bekleidet…"

„Eliza Levinson!“, platzt Beermann heraus.

Parler nickt und fährt fort: „Die Dame fragte Wilhelm, ob er mit dem Mord bei der Kirche zu tun habe, doch der war völlig perplex und verneinte. Ob er Englisch verstehe, wollte die Dame wissen. Ein paar Brocken, sagte Wilhelm, nicht viel. Ob er eine Postsendung ans Pfarramt angenommen und vernichtet habe. Frau Levinson hat anscheinend noch ein paar Fragen mehr gestellt, aber Wilhelm habe ihr nicht helfen können, wie er sich ausdrückte.

Auf einmal sah er eine Pistole auf seine Brust gerichtet und hörte den Befehl, voraus auf den Kirchenboden zu steigen. Irritiert und beunruhigt stapfte er die Treppen hoch, die Dame mit der Pistole hinter ihm, und als sie oben waren, verlangte sie, den Platz zu sehen, wo das Bild gefunden wurde. Wilhelm zeigte ihn.

Inzwischen war das Gewitter über der Stadt aufgezogen, die Wolken entluden sich unter Blitz und Donner. Die Dame erschien allerdings unbeeindruckt, sie trieb Wilhelm mit der Waffe vor sich her, in den hinteren Teil des Kirchenspeichers, und er gehorchte, weil er keinen Augenblick an der Entschlossenheit der Dame zweifelte zu schießen, falls er sich ihrem Willen widersetzte. Sie folgte ihm auf seinem Weg über den Kirchenboden und forderte ihn auf, hier eine Kiste zu öffnen, ihr den Inhalt Stück für Stück zu zeigen; dort ein Brett anzuheben und mit der Hand darunter herzufahren. Sie durchsuchte mit ihm also säuberlich das Gelände dort oben, ohne anzudeuten, was sie zu finden hoffte.

Schließlich brach sie ab und wandte sich zur Ecke gegenüber dem großen Uhrwerk, wo unter den Dachsparren der ausgediente Wetterhahn verstaut lag. Sie verlangte von Wilhelm, das schwere Ding hervorzuholen und aufzuheben. Er tat es. Die Dame schien nachzudenken, dann fragte sie den Mesner, ob er wisse, was er da auf dem Arm trage. – Den alten Wetterhahn der Kirche, gab er zur Antwort. – Ja und nein, sagte die Dame, das Wetter sei so wichtig nicht, auch wenn es stürmen und blitzen könne wie im Augenblick. Entscheidender seien der Wille zur Wahrheit und der gefährlich kurze Weg zwischen Treue und Verrat. Der Hahn erinnere an die Möglichkeit der Lüge und des Verrats. Und wehe dem, der schuldig werde am Leben und an der Seele eines Menschen, weil er ihn im Stich gelassen und verleugnet hat. Deshalb frage sie ihn noch einmal, ob er schuldig sei am Tod des Juden. Dem Mesner war sehr mulmig zumute, das Ganze hatte etwas Gespenstisches und Bizarres, und er betonte, er habe nichts mit der Geschichte zu tun. Die Dame sah ihn unausgesetzt an und schien unschlüssig zu sein. Dann sagte sie, er solle diesen Hahn, das Fluchzeichen für Lüge und Verrat, auf den Armen tragen, bis er zusammenbreche darunter.

Aber sie wolle ihm noch eine Frage stellen. Und diese Frage betreffe einen Namen. Sie vermute, dass ihm dieser Name geläufig sei. Wenn er auch jetzt bei der Unwahrheit bleibe, dann möge das Gottesgericht ihn treffen. Mit diesen Worten trat sie noch einen Schritt auf ihn zu, dicht vor ihn hin, dass er ihren Atem spürte und ein wildes Flackern in ihren Augen sah. ‚Du kennst Eichbaum', zischte sie, ‚ich will wissen, wo er ist und wo ich ihn finden kann!' – Wilhelm beteuerte nachher, er wäre froh gewesen, hätte er der furchtbaren Frau diesen Wunsch erfüllen können. Aber er habe den Namen nie gehört, ein Mensch mit diesem Namen sei ihm niemals begegnet.

Die Dame wiederholte ihre Frage, doch dann tat es über ihnen einen Schlag, der wie eine Explosion in nächster Nähe war, und unmittelbar danach krachte eine gewaltige Last aufs Dach. Ziegel zerbarsten, Scheiben klirrten, Holz splitterte. Und ihnen gegenüber, gleich neben dem

Standort des Uhrwerks, streckte die umgeworfene Kastanie ihre Äste durchs Trümmerdach herein.

Die Dame machte noch immer nicht den Eindruck, erschrocken zu sein, sie befahl Wilhelm, sich keinesfalls zu rühren, eilte zum zerbrochenen Dachfenster und schaute hinaus. Dann drehte sie sich um, lachte laut und rief: ‚Haut den großen Baum um! Die Kastanie auf dem Kirchplatz ist zerspalten in zwei Hälften. Eine ist aufs Kirchendach gestürzt, aber auch die andere wird nicht wieder blühen.' – Dann trat sie zurück, auf Wilhelm zu und sagte: ‚Es kann nicht der ganze Fluch sein, nicht die Erfüllung des ganzen Fluchs. Aber das Gottesgericht ist im Gange, und die Schuldigen sollen erfahren, ob und wann es sie trifft und erschlägt, wie der Blitz diesen Baum erschlagen und zerteilt hat in Stücke!' Dann lief sie hinaus und die Treppen von der Bühne herab, und Wilhelm war viel zu verstört, ihr zu folgen oder sie aufzuhalten.

Natürlich besteht kein Zweifel, dass es Eliza Levinson war", beschließt Parler seinen Bericht.

„Merkwürdig", sagt Beermann, „ich hatte den Eindruck, dass sie wirklich sofort in die Staaten zurückkehren wollte, sobald die Formalitäten für die Überführung des Toten erledigt wären."

Parler stimmt zu: „Dasselbe hat sie mir auch erklärt. Aber nun ist sie offensichtlich noch im Lande und sogar in der Stadt. Sie ist gefährlich wie eine wild gewordene Furie. Und besessen von der Aufgabe, Eichbaum zu finden."

„Wie die Nemesis", meint Beermann, „die Göttin der Rache. Sie kann warten, manchmal sehr lange, bis niemand mehr an ihre Existenz glaubt. Vor allem niemand von denen, die sie fürchten müssen. Aber plötzlich taucht sie auf, wie dem Hades entstiegen oder vom Wind daher getragen, und sie kennt keine Skrupel, wenn sie dabei ist, ihr Gesetz zu erfüllen."

„Steht das in Ihrer Bibel?", grinst Parler.

„Nein. Es steht in Büchern der alten Griechen. Aber wenn Sie's lesen können, steht's auch im allgemeinen Buch des Lebens."

FREITAG, 28. APRIL 2000

Nach den Turbulenzen des Vortages hatte es abends nicht mehr zu einem Treffen mit Thomas Antusch gereicht. Beermann hatte sich erschöpft in seinen Fernsehsessel sinken lassen, ein Dosenbier geöffnet und einen Krimi angesehen. Bettinas Versuche, die Ereignisse des Tages im Gespräch mit ihm durchzuarbeiten, waren kläglich gescheitert. Er wollte einfach nicht. –

Nun sitzt er am frühen Freitagnachmittag mit Thomas Antusch in einem italienischen Eiscafé und wartet auf Enthüllungen. Aber die Konversation ist mühsam. Thomas stochert lustlos in seinem Eisbecher herum, den Beermann ihm spendierte, und hat sich anscheinend vorgenommen, bloß preiszugeben, was sich nicht vermeiden lässt. Ja, er war in dem Musikschuppen, als die Bullen zur Razzia hereinplatzten. Nein, er war kein Stammgast dort. Was ihn am betreffenden Abend hingeführt hatte, weiß er nicht zu sagen. Na ja, wie man eben wohin geht aus Langeweile. Nein, die Eltern hätten keine Ahnung davon. Aber vielleicht wär's ihnen ja auch egal. Ja, er habe der Polizei Beermanns Namen genannt. Das sei ihm aber bloß zufällig so eingefallen. Bisschen ein Trick, die Polente abzulenken. Nein, genau genommen wolle er eigentlich nichts vom Pfarrer.

Beermann merkt, dass seine Geduld über die Maßen strapaziert wird. Er will sich nicht zum Narren halten lassen und beschließt, andere Saiten aufzuziehen.

„Nun hör mal gut zu, mein Junge“, sagt er mit kaum unterdrücktem Zorn, „ich bin zwar ein Pfarrer, aber ich bin nicht von gestern. Und verscheißern lass ich mich auch nicht, von dir schon gar nicht. Du steckst da in einer Clique, die wahrscheinlich kriminell ist, und du weißt mehr, als du hier ausplauderst. Wenn du weiter den stummen Fisch spielen willst, können wir diesen Versuch von mir aus abbrechen. Dann melde ich das Ergebnis dem Kommissar, und du kannst auf der Polizeiwache ausprobieren, wie lange du beim Verhör der Fachleute deine Zähne nicht auseinander bringst!“

Thomas fährt regelrecht zusammen. Die Fassade bröckelt, aus dem Gesicht schaut wieder mehr vom ehemaligen Konfirmanden heraus.

„Ich hab nichts verbrochen!“, behauptet er.

Beermann hakt nach: „Mag ja sein. Aber du bist verkumpelt mit Typen, die allerlei auf dem Kerbholz haben dürften. Braune Kameraden. Die schwadronieren nicht bloß von alten Zeiten der Ehre, die machen auch mal einen Bruch, zum Beispiel in eine Sakristei.“

Thomas schaut vor sich hin und überlegt.

„Ja, ich weiß, dass paar von denen Ihre Sakristei aufgemacht haben“, gesteht er zögernd. „Aber ich war nicht dabei. Ehrlich. Ich hab's auch erst später mitgekriegt, als sie das geklaute Zeug verscherbeln wollten.“

„Und du hast nicht daran gedacht, diese Sache zu melden und mit der Bande Schluss zu machen?“

Thomas zieht ein Gesicht, als ob dies nun wirklich der Zumutung zu viel wäre. „Bin doch kein Verräter“, bringt er mit aufrichtiger Entrüstung vor. „Bei uns gilt nämlich die Treue noch was. Da bleiben alle beim Wort, das sie einmal gegeben haben. Jemanden verpfeifen – das ist nicht! Außerdem wissen längst nicht alle, was der Edmund gerade auf dem Schirm hat.“

„Edmund ist euer Anführer – oder?“

„Ist ein toller Typ...stinksauer über unseren Staat und seine Politik. Alles jüdisch unterwandert, und die Juden streuen ihre Märchen über den Holocaust und quetschen damit Milliarden aus dem deutschen Volkskörper heraus.“

„Glaubst du das im Ernst?“

„Muss ja was dran sein. In der Schule haben sie uns immer wieder vorgekaut, was die Deutschen alles verbrochen und wie übel sie Juda mitgespielt hätten. Wir mussten das einfach schlucken, Zweifel waren nicht erlaubt. Aber irgendwann hat man die Nase voll und will von dem ganzen Mist nichts mehr hören. Wenn dann noch einiges zusammenkommt, ist man plötzlich drin in so einer Kameradschaft und kriegt Neuigkeiten mit und Literatur in die Finger, wo alles ganz anders dargestellt wird mit den angeblichen Lagern und den Vergasungen und so.“

Beermann schnauft hörbar. Er möchte den Jungen am liebsten schütteln und ihn lautstark zusammenstauchen, aber er unterdrückt seine Empörung, um noch etwas Brauchbares zu erfahren.

Thomas schaut schräg an ihm vorbei.

Beermann startet noch einmal: „Weißt du, warum deine Kumpel bei uns eingebrochen sind? Ging es um Wertsachen, die sie mitnehmen und nachher versilbern wollten?“

„Nein. Der Diebstahl ergab sich mehr nebenbei. Edmund erklärte, da wäre ein Bild, das herausgeholt und vernichtet werden müsste. Abartige jüdische Kunst, sie wäre früher in jüdischem Besitz gewesen und im Krieg irgendwie an die Kirche gekommen.“

„Woher wusste Edmund von dem Bild?“

„Na ja, stand ja in der Zeitung, dass das Bild gefunden wurde. Da hat Edmund den Auftrag erhalten, die Schmiererei hops zu nehmen.“

„Auftrag – von wem?"

„Weiß ich nicht. Das hat Edmund uns nicht auf die Nase gebunden. Irgendjemand, dem es mächtig gestunken hat, dass das Bild plötzlich auftauchte und der für den Auftrag schön was springen ließ."

„Für euren Edmund wahrscheinlich. Vielleicht auch für den Mesner? Unseren braven Mesner Wilhelm von der Jakobuskirche?"

Thomas wägt ab, was er sagen soll.

„Vielleicht, aber eher nicht. Wilhelm ist jedenfalls ein ganz kleiner Fisch, der mitschwimmt, aber weiter keine Rolle spielt. Kein Mitglied unserer Gruppe, obwohl er ab und zu bei Versammlungen erscheint. Sozusagen ein Sympathisant, kann sein auch mal zu kleinen Diensten bereit."

„Und wie ist das mit deiner Bereitschaft zu Diensten? Wem würdest du gern zeigen, dass du ein richtiger Kerl bist, der sich traut, gegen den großen dreckigen Strom zu schwimmen?"

Thomas schaut auf, holt tief Luft und fängt an zu erzählen:

„Vergangenen Sommer war ich mit meinem Vater auf Malta. Eine Geschäftsreise für ihn, aber wir wollten ein paar Tage anhängen, die Insel entdecken, baden, ein bisschen Spaß haben. Sie kennen Malta?"

„Nur aus Büchern. Die Insel kommt auch im Neuen Testament vor, in der Apostelgeschichte. Paulus soll da auf der Schiffsreise nach Rom gestrandet sein und nachher in unterirdischen Katakomben gehaust haben. Die kann man heute noch besichtigen."

„Haben wir nicht gemacht. Wir waren in Valetta, beim Hafen und dem Fort. Und dann in Mdina, mitten auf der Insel, wo Vaters Geschäftspartner wohnt. Ein alter Herr, bestimmt um die achtzig, ein Deutscher mit dem schönen Namen Eichbaum."

Beermann zuckt zusammen und ist bemüht, es sich nicht anmerken zu lassen.

„Eichbaum, sagst du?“

„Ja, Erwin oder Erich Eichbaum. Die Gespräche haben er und mein Vater im Büro geführt. Sachen, die mich nicht interessieren. Ich konnte mich inzwischen im Haus umsehen. Das hat mich echt hingerissen. So eine Art Museum war da im Salon. Mit Glasvitrinen und Sachen an den Wänden. Alles voll mit militärischen Orden und Dekorationen, Bildern aus der Bewegung, Fahnentüchern mit Hakenkreuz auf rotem Grund, Broschüren und Büchern über den Krieg. Und Waffen. Ich habe mir alles genau angesehen und in der Literatur herumgestöbert, weil die Verhandlungen der beiden dauerten. Nie war ich auf solche Texte und Darstellungen gestoßen. Und da gingen mir plötzlich die Augen auf. Ich kriegte Einblick in Zusammenhänge, von denen ich bis dahin keinen blassen Schimmer hatte.

Später betrat Eichbaum mit meinem Vater den Salon, als ich in die Bücher versunken war. Er lachte und meinte, das mache ihm Spaß, wenn der junge Antusch sich für seine alte Leidenschaft interessiere. Leider habe er im Augenblick keine Zeit, aber wenn ich am nächsten Vormittag, an dem Vater einen Termin bei der Bank hätte, auf einen Sprung vorbeischauen wolle, dann könnte er mir noch ein paar besondere Kostbarkeiten vorlegen. Vater mischte sich ein und wollte die Einladung partout verhindern, aber er hatte kein Glück. Eichbaum sagte, dass ich ihm überhaupt keine Zeit wegnähme, im Gegenteil, er freue sich auf meinen Besuch. Ich bin also noch mal hin. Ja, und dann hab ich über Eichbaum auch die Kontaktadresse zu Edmund und seiner Gruppe bekommen. Mit einer schriftlichen Empfehlung von Eichbaum auf Malta war ich da sofort ein gemachter Mann.“

Eichbaum also, denkt Beermann. Auf der Insel Malta. Valetta, Mdina, die Hauptstadt aus der Zeit des Johanniterordens auf der Insel. Dieselben Johanniter, die im Schwarzwaldort Rexingen bereit gewesen waren, Juden Siedlungsrechte zu gewähren. Und im ehemaligen Zentrum dieses Ordens sitzt nun ein betagter Geschäftsmann, der seine Vergangenheit munter fortschreibt, Erinnerungen sammelt und Erinnerungen fälscht und Fäden spinnt zu rechtsextremen Gruppen in der alten Heimat, die er bestimmt auch kräftig sponsert. Nach diesem Eichbaum hat Eliza gefragt und aus Mesner Wilhelm seinen Aufenthaltsort herauszupressen versucht.

Daheim findet Beermann eine Nachricht auf seinem Anrufbeantworter – von Parler. Die Vernehmungen kämen zügig voran, erklärt er. Mehr als eine Handvoll ziemlich sicherer Indizien sprächen dafür, dass der smarte Edmund den Juden aus Amerika auf dem Gewissen habe. Zum Geständnis wolle er sich allerdings noch nicht durchringen, doch das dürfte nicht mehr allzu lange dauern. Gut und schön soweit. Aber er sei mit dem Ergebnis trotzdem nicht so recht zufrieden. Seine Spürnase wittere weiteren Unrat irgendwo im Hintergrund. Dass Edmund den Mord an Martin Levinson begangen habe, sei für ihn klar. Nicht aber, weshalb er es getan habe. Immerhin gebe es da noch diesen Namen Eichbaum. Und mit dem Edmund hinter Gittern komme er sich jedenfalls vor wie einer, der den Spatz in der Hand, aber nicht die Taube auf dem Dach erwischt hat.

Beermann nickt anerkennend. Wie recht er hat, der Kommissar! Die Taube fliegt noch frei herum. Über eine ferne kleine Insel im Mittelmeer. Sogar ihr Nest ist kein Geheimnis mehr. Ein stattliches Haus in Mdina sollte man ausfindig machen können.

* * *

Beim Abendessen erzählt Beermann, was bei seinem Treffen mit Thomas Antusch herausgekommen ist. Jetzt werde er den Verdacht, dass ein gewisser Eichbaum auf Malta hinter der rassistischen Clique und auch hinter dem Mord an Levinson stecke, dem Kommissar zur Kenntnis bringen müssen.

Bettina macht große Augen und schüttelt den Kopf. „Keine gute Idee!", erklärt sie.

Beermann ist perplex: „Wieso keine gute Idee?"

„Weil die Polizei Fehler macht."

„Ach wirklich? Und deshalb soll ich hergehen und hochbrisante Informationen für die Aufdeckung eines Mordfalls zurückhalten? Bist du verrückt? Ich mache mich schuldig und kann belangt werden deswegen!"

Bettina lächelt: „Was du Informationen nennst, mein Lieber, das sind die vertraulichen Offenbarungen aus einem Seelsorgegespräch. Die sind besonders geschützt nach dem Willen des Gesetzgebers. Beichtgeheimnis nennt man das."

„Wir haben kein Seelsorgegespräch geführt. Thomas hat nicht deshalb ausgepackt, weil er sich durchs Beichtgeheimnis geschützt wusste."

Bettina lächelt weiter: „Das weißt du, ich weiß es auch, aber sonst braucht es niemand zu wissen."

Beermann staunt über seine Frau und kann nicht fassen, was sie im Schilde führt. Er betrachtet sie forschend: „Jetzt sag mal, worauf willst du hinaus?"

Bettina erhebt sich und während sie in aller Ruhe die Teller abräumt, den Käse und Aufschnitt im Kühlschrank verstaut und beiden Tee nachgießt, plaudert sie, als handle es sich um den unverfänglichsten Gegenstand.

„Malta soll schön sein, weißt du? Christine, meine feministisch angehauchte Freundin, die du zickig findest, war schon mehrmals dort. Sie schwärmt von den grandiosen Zeugnissen einer uralten matriarchalen Kultur, die man dort antrifft. Das würde mich auch reizen... Aber jetzt im Ernst, Herr Pfarrer, mich reizt noch viel mehr, diesen Eichbaum zu treffen, und zwar nicht erst, wenn er schon erledigt ist und hinter Schloss und Riegel sitzt, sondern wenn er sich sicher glaubt in seinem ekelhaften Spinnennetz aus Lügen und Gewalt. Ich möchte erleben, wie er anfängt, seinen Untergang zu wittern. Wie ihm der Boden unter den Füßen wegbricht und er merkt, dass ihm alles, was er sich verbrecherisch zusammengebaut hat, wie tödliche Granatsplitter um die Ohren fliegt."

Beermann ist fassungslos.

Natürlich kannte er ihr Temperament, ihren Hang zur Leidenschaft, aber so viel unverblümte Rachlust ist ihm neu. Als er sich ein wenig gefangen hat, wagt er den zaghaften Einwand: „Bettina, mir scheint, du weißt nicht recht, was du redest. Was für eine absurde Art von Befriedigung möchtest du dir eigentlich verschaffen? Abgesehen davon: Ist dir denn überhaupt nicht bewusst, in was für eine Gefahr du dich stürzen willst? Oder spielst du jetzt bloß Theater und willst mich auf den Arm nehmen? Der Anlass, finde ich, ist nicht sehr geeignet dazu."

„O nein, kein Theater, mein Schatz! Ich fürchte bloß, dass die Polizei viel Wind macht und den Vogel dann doch nicht zu fassen kriegt. Wenn sie nach auffälligen Recherchen und Kompetenzklärungen zwischen den Ländern endlich mit einer Menge Blaulicht über Malta brettert, hat Eichbaum längst die Kurve gekratzt. Der ist doch vorbereitet auf den Fall seiner drohenden Festnahme."

„Und du Amateur willst es besser machen?"

„Allerdings."

„Wie denn, wenn ich fragen darf?"

„Mit Chuzpe und weiblichem Charme."

„Du dringst ja nicht einmal vor bis zu dem Mann."

„Abwarten. Vielleicht kündige ich mich als Auslandsagentin eines Ölscheichs von den Emiraten an. Mit der Anspielung auf große Geschäfte und saftige Gewinne. Einer wie Eichbaum beißt da immer an."

„Und heil herauskommen aus der Höhle des Löwen willst du am Ende auch noch."

„Sicher. Ich kann ja im Lauf der Begegnung den kleinen Schwindel aufdecken und erklären, mir wäre nichts Gescheiteres eingefallen, um eine Audienz bei ihm zu bekommen. Dabei werde ich den Macho einlullen in der Maske des naiven und demütigen Frauchens. Schließlich gebe ich mich als Patentante von Thomas Antusch aus, die gerade Urlaub auf Malta macht und die Gelegenheit nutzen will, das verehrte Vorbild des Jungen kennen zu lernen."

„Ganz schön durchtrieben, weiß der Himmel!"

„In eine Frauenhandtasche passen bestimmt diese praktischen Aufnahmegeräte, die heute doch recht klein und mit empfindlichen Mikros ausgestattet sind. Und wenn ich dem feinen Herrn genug um den Bart gegangen bin und ein paar Details aus den hiesigen Ermittlungen eingestreut habe, wird er sich schon verplappern. Dann werde ich ihn nicht beschuldigen, denn dazu bin ich ja viel zu unbedarft. Aber ich werde dafür sorgen, dass ihm klar wird, wie sich die Schlinge um seinen Hals zuzieht. Das werde ich in vollen Zügen genießen. Danach kann ich mit harmlosem Plauderton davonziehen: Eine unschuldige Tante, die selber nicht ahnt, was sie angerichtet hat."

„Und dann?"

„Dann gibt's Beweismaterial auf meinem Band, und die Polizei kann zugreifen und Eichbaum das Handwerk legen."

„Sofern nicht gerade du ihn gewarnt hast und er sich vor einem Zugriff schleunigst davon macht."

„Wird nicht passieren, mein Lieber. Ich will ja noch weiter basteln an meiner Strategie. Du erfährst im Augenblick bloß das Rohkonzept."

„Bettina, das ist Wahnsinn! Du verrennst dich in ein irrwitziges Abenteuer. Dass du es nur weißt, da komme ich nicht mit. Auf gar keinen Fall!"

„Deine Entscheidung. Ich reise auch allein."

Beermann starrt seine Frau entgeistert an. Das kann alles nicht wahr sein! Und während er vorhin noch wie in einer Schachpartie experimentiert und Zug um Zug ihre Vorwärtsbewegung zu parieren versucht hatte, sitzt er jetzt wie der geschlagene König in der Spielfeldecke. Schachmatt und allein.

Weil er das nicht aushält, springt er plötzlich hoch vom Tisch, stürmt durchs Zimmer, durch den Flur und lässt die Wohnungstür schallend hinter sich ins Schloss fallen.

Auf der Straße weiß er nicht, wo er hin soll. Er läuft einfach los, zum Glück ist es dunkel geworden, da wird er nicht gesehen und muss auch keinen sehen. In ihm kämpfen ohnmächtige Wut und quälende Angst miteinander. Soll er dem grausamen Spiel ein Ende setzen, indem er umgehend Parler informiert? Über den verdächtigen Eichbaum auf Malta und auch über Bettinas verrückte Pläne? Aber was würde er sich einhandeln damit? Seine Frau würde ihm nicht verzeihen, dass er sie feige hintergangen hat. Sie hatte ihm ja schon den Laufpass gegeben und war zurückgekommen, nicht zuletzt, um ihm beizustehen in der rätselhaften Bildaffäre. Wenn sie jetzt erführe, dass er sich gegen sie mit Parler in Verbindung setzte, würde sie ihm den Rücken zukehren für immer.

Beermann erreicht einen kleinen Park, in dem Hundehalter tagsüber ihre Lieblinge herumspringen lassen und wo man in der Dunkelheit damit rechnen muss, deren Hinterlassenschaft breitzutreten. Er kümmert sich nicht darum. Lässt sich ächzend auf eine Bank nieder und wirft den Kopf in den Nacken. Mein Gott! was soll er bloß machen? – Das Parkgelände ist menschenleer. Die Stille, kaum unterbrochen von gelegentlichem Motorengeräusch, tut ihm gut. Er möchte nachdenken und stellt fest, dass es nicht funktioniert. Die Gedanken gewinnen keinen Zusammenhang, sie wirbeln in seinem Kopf herum wie ein Haufen Blätter im Herbstwind. Bettina will und darf er nicht verlieren, das ist oberstes Gebot. Aber weiter? Vielleicht merkt sie ja selber, dass sie sich in einen Taumel hineinphantasiert hat, der ihre eigenen Kräfte übersteigt und die Gefahren verharmlost, in die sie hineinstolpern würde. Ein weiblicher Bond, der dabei ist, aus der Filmkulisse kopfüber in die knallharte Realität zu hopsen. Unglaublich! Aber vielleicht ergibt sich's, dass sie rechtzeitig aufwacht.

Auf der Parkbank hält er es nicht lange aus. Er wandert weiter durch die Straßen des Wohnviertels und landet in einer Eckkneipe, deren Schwelle er vorher nie übertreten hatte. Ein paar Männer unterschiedlichen Alters trinken ihr Bier am Tresen und fachsimpeln über die Gewinnchancen des örtlichen Fußballclubs. Sie sind eine Menge Leid gewöhnt und halten die Flamme der Hoffnung niedrig. Selbstschutz gegen empfindliche Enttäuschungen. Beermann gesellt sich zu ihnen, der angetroffene Enthusiasmus für die schönste Nebensache der Welt bringt ihn hoffentlich auf andere Gedanken. Er nimmt teil am beträchtlichen Bierkonsum und an den Debatten über verkannte Talente und eklatantes Trainerversagen. Je mehr der Alkohol wirkt und der Kopf von Nebeln durchzogen wird, desto entspannter wird ihm ums Herz. Malta ist weit weg, der Kommissar eine Flasche und Bettina die Seele und der Jungbrunnen seines Lebens.

Die neuen Freunde an der Theke haben das Fußballthema abgehakt und bringen jetzt die politischen Verhältnisse in Ordnung. Von Kanzler Schröder erwartet man Aufschwünge, wodurch und wohin auch immer. Präsident Raus Auftritt vor der Knesset erntet weniger Beifall, und als Israels Militäreinsatz im Libanon zur Sprache kommt, hält Beermann es für angezeigt, das Lokal zu verlassen.

Draußen hat er Mühe, den aufrechten Gang zu wahren und an den Fassaden entlang den Heimweg einzuschlagen. Er gesteht sich ein, seit langem mal wieder richtig vollgetankt zu haben. Aber es bekümmert ihn nicht. Wie er in seine Wohnung und dort ins Bett gekommen ist, hat keinen Eingang gefunden in seinen Gedächtnisspeicher – Filmriss und Blackout. Bettina muss sich um ihn bemüht haben. Seine Bettina, die er nicht entbehren kann.

MITTWOCH, 3. MAI 2000

Malta. Am Nachmittag schwenkt die Verkehrsmaschine im Landeanflug um den östlichen Teil der Insel. Aus dem Bordfenster bietet sich der Blick auf den Hafen von Valetta, die Docks, die Frachtschiffe und die dichte, arabisch anmutende Bebauung der Landzunge. Kleine Buchten folgen, abgelegener als das Konglomerat um die Hauptstadt, mit beschaulichen Stränden.

Bettina hatte mit Feingefühl und weiblicher Beharrlichkeit Beermanns Widerstandsmauer Stein für Stein abgetragen. Ohne den geringsten Zweifel an ihren Reiseabsichten aufkommen zu lassen, hatte sie auf schweres Gerät zur Durchsetzung ihres Willens verzichtet und sozusagen mit Feile und Pinsel gearbeitet. Am Sonntag war die Festung gefallen und Beermann war bereit, natürlich nur, um seine Frau von tollkühnen Aktionen abzuhalten, wie er sich ausdrückte. Montag wurden die Flugtickets und die Unterkunft gebucht, am Dienstag die dienstlichen und privaten Regelungen für die Zeit ihrer Abwesenheit getroffen. Dann war der Weg frei über die Alpen und am italienischen Stiefel entlang.

Im nordwestlichen Zipfel der Insel haben sie einen Bungalow gemietet, mit Bademöglichkeit am Strand. Sie bringen die Koffer unter, steigen vom ummauerten Innenhof die Stufen zur Dachterrasse hinauf und haben Aussicht übers Meer, das in Inselnähe hellblau, weiter hinaus wie dunkle Tinte wirkt. Der verkarstete Fels prägt das Gesicht der Landschaft, bald grau, bald ins Goldgelb des Kalksteins spielend, aus dem seit Jahrtausenden Material für Tempel und Burgen und Kirchen gewonnen wurde. Dabei muss Malta vor Zeiten waldreich gewesen sein. Bis die Punier von Nordafrika und die Römer aus Italien die Bestände geplündert hatten, unersättlich im Verlangen nach Holz für den Schiffsbau.

An der Rezeption des Ferienzentrums nehmen sie die Schlüssel für einen knallroten japanischen Kleinwagen entgegen und erfragen die telefonische Verbindung zu Erich Eichbaum in Mdina. Sie erhalten die Auskunft, der Teilnehmer melde sich nicht.

Beiden ist es recht so, einstweilen. Bettina schlägt einen Abendbummel auf die westliche Anhöhe vor, einen Bergrücken, von dem nach zwei Seiten Ausschau übers Meer gehalten werden kann. Auf der Höhe wächst stachliges Gebüsch, sonst nichts. Aber die Büsche sind reich bevölkert. Nicht nur von Vögeln und Karnickeln. Auch mit einheimischen Jägern, deren Flintenläufe aus den Sträuchern ragen, ab und zu begleitet von einem Kopf, der emporgereckt wird, um die Lage zu überblicken. Die Schützen sind wachsam bei der Sache und verübeln jede Annäherung, die sofort durch Drohgebärden unterbunden wird.

Die Herren arbeiten mit Lockvögeln. Aufgeregt piepsende und flatternde Singvögel halten sie in winzigen Drahtkäfigen, die auf der Spitze hoher Stangen befestigt sind. Von dort erfüllen die Gefangenen ihre Aufgabe, freie Artgenossen herbeizulocken, die dann ebenfalls eingefangen oder abgeschossen werden. Bettina ist empört und möchte am liebsten gleich Hand anlegen, um die Tierquälerei zu bekämpfen. „Ich gehe und lege die Stangen einfach um!“, sagt sie. Es braucht etwas Mühe, sie davon abzuhalten, weil die Jäger nicht den Eindruck erwecken, dergleichen gelassen hinzunehmen.

„Es ist grässlich", schimpft Bettina, „gemordet wird überall, so oder so. Wir sind einem Menschen auf der Spur, der ein Mörder sein könnte. Und die erste Begegnung in dem Land, in das er sich verkrochen hat, ist die Begegnung mit Vogelkillern."

DONNERSTAG, 4. MAI 2000

Nach dem Frühstück auf ihrer Dachterrasse versuchen sie erneut eine Telefonverbindung nach Mdina. Eichbaum ist nicht erreichbar, aber eine Hausangestellte teilt mit, er sei am Tag zuvor nach Palermo gereist und werde gegen Abend zurückerwartet. Beermann erkundigt sich, ob er das Linienschiff nehme, das zwischen Valetta und Sizilien verkehrt. Die Antwort ist nein, Eichbaum besitze eine Privatyacht, die er zu solchen Reisen nutze, er sei häufig in Sizilien, und es sei ja nur ein Sprung hinüber.

Die Geschäfte, die Eichbaum auf Malta verfolgt und die ihn reich gemacht haben, sind undurchsichtig. Die Nähe des Hafens und des Warenumschlags dürften jedenfalls seinen Bedürfnissen entgegenkommen, vielleicht sogar ausschlaggebend sein. Wieviel von alledem legal und was illegal vor sich geht, weiß vermutlich niemand außer Eichbaum selbst. Die Nähe zu Sizilien sowie enge Verbindungen, die er mit Palermo unterhält, sprechen dafür, dass es sich nicht bloß um den Export von Strickwaren und Glasbläserarbeiten aus maltesischer Produktion handelt. Die großen Geschäfte laufen auf anderen Wegen und mit anderem Gut.

Die beiden beschließen, da Eichbaum einstweilen nicht anzutreffen ist, im Tagesverlauf einiges zu besichtigen. Vormittags die Stadt, am Nachmittag eine der gewaltigen Tempelruinen aus der Jungsteinzeit, Mnajdra an der Südküste.

Sie besuchen das Nationalmuseum, die alte Herberge von Ordensrittern aus der Provence, und schenken ihre Aufmerksamkeit den Fundstücken aus der Jungsteinzeit. Damals wurde die Große Mutter verehrt, Erdgöttin auf einer wasserumspülten Insel. Herrin über die ewigen Mysterien von Werden und Vergehen, Geburt und Tod.

Das Museum enthält zahlreiche Funde, die den matriarchalischen Charakter der altmaltesischen Kultur unterstreichen. Sie betrachten die Venus von Malta, eine kleine, kaum mehr als zehn Zentimeter hohe Steinfigur einer Frau mit gewaltigen Brüsten. Sie sehen die auf einer Liege ausgestreckte Terrakottafigur einer schlafenden Frau mit wulstigen Armen und ausladendem Becken, das wie ein Körperberg zum Gebären anmutet. Auch sehen sie den Torso einer massigen Skulptur, die überlebensgroß die Muttergöttin darstellt, von der aber bloß der mächtige Unterleib mit einer Art Faltenrock sowie die stämmigen Schenkel erhalten sind. Was hier en miniature anzutreffen ist, verwandelt sich bei den verstreuten Tempelanlagen ins Kolossale.

Nachmittags nehmen sie den Fußpfad, der hinunter nach Mnajdra führt, ein Komplex von drei Tempeln, die nacheinander errichtet wurden. Der spätere übertraf jeweils den früheren im Ausmaß der verwendeten Steinblöcke und in der Größe des Baukonzepts. Die Stelle, die für den Tempel gewählt wurde, ist hinreißend schön. Am Rand der Steilküste, die nach Süden schroff zum Meer abstürzt, in völliger Einsamkeit, der Sonne und dem Wasser zugewandt, wachend und träumend seit Jahrtausenden – das ist Mnajdra. In einiger Entfernung ragen zur Linken und zur Rechten die viereckigen Wehrtürme der Johanniter auf, aber das sind Wächter aus anderer Zeit und mit anderer Bestimmung.

Sie durchstreifen die Tempelanlagen, staunen über eine Meisterschaft, die zu bauen verstand, als gelte es für die

Ewigkeit, und die dem Mauerwerk aus doppelt mannshohen Steinblöcken Festigkeit zu verleihen wusste, ohne einen Fingerhut Mörtel zu verwenden. Sie umkreisen die Bauwerke, um den Eindruck der geschlossenen Rundung zu gewinnen, der sich von außen ergibt, klettern ein Stück die Anhöhe hinauf, wenden sich dann zur Seeseite und halten am Rand der Steilküste an.

Plötzlich fasst Beermann seine Frau am Arm. Sie schaut ihn überrascht an, will etwas sagen, aber er gibt ihr ein Zeichen, ruhig zu sein. Am Rand der steinigen Böschung vor ihnen sitzt eine Frau. Sie kehrt ihnen den Rücken zu und schaut aufs Meer hinaus, zur kleinen Felseninsel, die der Küste und dem Tempelplatz vorgelagert ist. Beermann kann das Gesicht der Frau nicht sehen, ist aber sicher, sie zu kennen. Das streng nach hinten gekämmte und in einem Knoten zusammengefasste Haar, die kräftige Gestalt, der Umhang, das ist ihm bereits begegnet. Er tritt ein paar Schritte vor, beugt sich ein wenig hinunter und fragt: „Frau Levinson?"

Die Frau zuckt zusammen, als sei sie aus schwerem Traum hochgeschreckt. Sie sieht ihn an und scheint nachzudenken. Dann hält Erstaunen Einzug in ihr Gesicht, und sie fragt gedehnt: „Sie? Im Ernst, Herr Pfarrer? Auch unterwegs auf Malta?"

„Ganz recht, Frau Levinson. Unterwegs mit meiner Frau Bettina. Wer nach Malta kommt, darf die Tempel nicht versäumen, vor allem Mnajdra nicht, den schönsten an der schönsten Stelle."

Sie begrüßen einander höflich. Bettina sagt, sie freue sich, Eliza Levinson kennenzulernen, von der sie gehört habe, Bewegendes und Erstaunliches, dies und das.

Eliza Levinson nickt und scheint Mühe zu haben mit dem, was sie tun und lassen, was sie sagen und was sie verschweigen soll. „Ich dachte nicht, Sie einmal wiederzutreffen, schon gar nicht hier auf der Insel“, gesteht sie. „Ich muss außerdem einräumen, dass es mir peinlich ist. Ich habe mich nicht sehr freundlich benommen Ihnen gegenüber, obwohl Sie mir keinen Anlass gegeben hatten, ungehalten zu sein.“

Mit einer Handbewegung lädt sie dazu ein, neben ihr Platz zu nehmen. Sie tun es, lassen die Beine über dem Abgrund baumeln, blicken in die Weite und schweigen. Wenn Eliza reden will, wird sie anfangen damit. Es ist wie eine Probe auf Ausdauerleistungen im Verstummen. Schließlich hebt Eliza Levinson ihren Kopf, wendet ihr Gesicht mit geschlossenen Augen dem Himmel zu und sagt: „Eigenartig! Aber es sollte wohl sein, dass ich Sie treffe an dieser Stelle.“

„Bei einem Heiligtum, das nicht jüdisch und nicht christlich ist und auf einem Fleckchen Erde, das nie zu Deutschland gehört hat“, sagt Beermann.

Sie sieht ihn an, schüttelt langsam den Kopf, als sei sie auf einmal eine alte, traurige Frau, und legt ihre Hände in den Schoß: „Sie wissen ein bisschen von mir, nicht viel. Und auf das, was Sie wissen, kann ich nicht stolz sein.“

„Die Polizei hat Sie gesucht. Aus zweierlei Gründen. Sie wollte verhindern, dass Sie anderen Menschen gefährlich werden wie unserem Mesner. Und sie wollte verhindern, dass Sie selber in Todesgefahr geraten – wie Ihr Mann vor Ihnen.“

Eliza Levinson schaut weiter übers Meer: „Was machen Sie auf Malta?“

„Ein paar Tage Urlaub. Außerdem haben wir einen Besuch vor.“

„Wir möchten Erich Eichbaum aufsuchen“, ergänzt Bettina.

Eliza bewegt sich nicht, starrt einfach regungslos, als rühre dieser Name an keine Saite ihrer Erinnerungen.

„Ich stelle fest“, beginnt Beermann wieder, „dass es Ihnen offensichtlich gelungen ist, Eichbaums Aufenthalt auf Malta herauszufinden. Dass Sie wegen der neolithischen Tempel oder sogar wegen der Barockkirchen und Ordenspaläste hier sind, ist doch eher unwahrscheinlich."

Die Frau richtet sich auf. „Ja, ich bin wegen Eichbaum auf der Insel. Ich habe herausgefunden, wo er wohnt. Heute ist er unterwegs in Sizilien, sonst säße ich nicht hier."

Bettina legt ihr einfach den Arm um die Schultern. Ihren Kopf hält sie zur Seite geneigt, als warte sie auf eine Gebärde des Entgegenkommens oder auf eine geflüsterte Äußerung. Beermann hat den Eindruck, als durchliefe ein Zittern den schweren Körper der Amerikanerin, die nicht aufhört, ihre Augen übers Meer zu schicken. Als Bettina ihren Arm nicht zurückholt und die Neigung ihres Kopfes beibehält, lächelt ihr Eliza plötzlich zu, klopft ihr freundschaftlich auf die Schenkel, holt tief Atem und erklärt: „Also gut – meine Geschichte. Ihr sollt sie hören. Ich denke, ihr habt ein Recht darauf.

* * *

Wie oft habe ich sie hinweggewünscht, die Erinnerung an meine Kinderjahre in Deutschland. Die Gräben in meiner Seele waren tief genug, alles hinein zu versenken, was gewesen war. Aber nichts reichte aus, diese Gräben zu füllen. Die Redensart, dass die Zeit Wunden heile, ist nicht wahr. Vielleicht kann sie Kratzer entfernen, leichte Schürfungen der Haut, aber nicht Wunden, die tief gehen. Die heilen ein bisschen und brechen wieder auf, unzählige Male.

Seltsam, wie Erinnerungen nicht bloß unsere Gedanken besetzen, sondern auch die Sinne. Ich sehe und schmecke und rieche und höre die Tage meiner Kindheit. Den Kaufladen meiner Eltern, Kolonialwaren sagte man damals, und das stand auch mit verschnörkelten Buchstaben über der

Eingangstür. Ich habe noch genau den Klang des Glöckchens im Ohr, das den Eintritt eines Kunden meldete und meine Mutter hinter die Ladentheke rief. Ihre Schürze war immer schneeweiß und gestärkt und wurde beim geringsten Fleck ausgetauscht. Ich erinnere mich an das Aroma im Raum, aus unterschiedlichen Düften zusammengesetzt – aus Obst und frisch gebackenem Brot und kräftigen Gewürzen. Milch wurde mit einer Kelle aus einer großen Kanne geschöpft. Es war üblich, dass Mutter in diesem und jenem Fall eine halbe Kelle Milch hinzugab, ohne mehr zu verlangen und ein Wort zu verlieren darüber.

Doch nach Zeiten der Fülle kamen Zeiten des Mangels. Rationierungen sollten helfen, den Mangel zu verteilen. Wie gut erinnere ich mich an Leute, die weder Geld noch Brotmarken hatten, aber meine Mutter fand Wege, sie nicht mit leeren Händen und auch nicht gedemütigt aus dem Laden zu entlassen. Nur Vater durfte nichts wissen davon. Vater war streng und hatte seine eigene Auffassung von Gerechtigkeit. Sie richtete sich grob besehen nach den Rechten der Stärkeren und klammerte aus, was für Mutter die kleinen Früchte der Barmherzigkeit waren.

In derselben Straße, ein paar Häuser weiter, lag das Anwesen der Hirschbergers. Eine Villa mit großer Veranda im oberen Geschoss und mit eingezäuntem Garten. Die Ecken des Gartens zur Straßenseite hin waren jeweils mit einer Tanne markiert, stattliche Bäume, deren Äste im Sturm wie die Flügel eines Riesenvogels auf und nieder schwangen und meine Phantasie anregten.

Ich hatte mich mit Esther, Hirschbergers Tochter, angefreundet. Wir waren gleichaltrig und besuchten dieselbe Schule, jedenfalls so lange, wie Esther in der Schule geduldet wurde. Sie war ein intelligentes und lebhaftes Mädchen, erledigte fällige Hausaufgaben im Handumdrehen und hatte ihren hübschen Kopf voll wunderbarer Spielideen. Wir tollten in Hirschbergers Garten herum, bauten ein Baumhaus, legten uns im Winkel zwischen Blumen und Gemüsebeeten einen kleinen Märchengarten an. Ich ging im Haus der Hirschbergers aus und ein, Esther ebenso bei uns.

Eines Abends nahm Vater mich nach unserem Spiel im Hof beiseite. Seine Miene war sehr streng, er setzte mich mit einem Ruck in die Sofaecke und ließ sich auf einem Stuhl vor meinen Knien nieder. Dann schaute er mich an und erklärte, dass ich meinen Umgang mit dem Judenmädchen ab sofort zu unterlassen hätte. Ich verstand nichts und weinte bitterlich. Es überkam mich einfach das Gefühl, als sollte eine Lebenshälfte abgetrennt und fortgeworfen werden von mir, plötzlich und ohne Grund. So musste das Sterben sein und der Tod. Meinem Vater, der streng, aber nicht hartherzig war, wurde es nun doch unbehaglich, er versuchte es mit ungeschickten Tröstungen. Im Grunde war meine Reaktion aber vollkommen normal. Wie sollte ich denn begreifen, was tatsächlich unbegreiflich war?

Ich verteidigte mich unter Tränen und betonte, dass Esther meine Freundin sei, meine einzige, von der ich mich nie trennen würde. Wir hätten nichts Böses getan, Esther nicht und ich auch nicht, und es sei ungerecht, uns zu bestrafen für nichts. Vater zwang sich zur Geduld und versuchte es mit näheren Erklärungen. Die Familie Hirschberger sei eine jüdische Familie, sagte er, und Juden seien anders und müssten für sich allein leben. Ich hatte so etwas schon früher gehört, aber wie eine Botschaft genommen, die mich nichts anging. Dass sie jetzt auf einmal meine Freundin Esther und mich selbst betreffen sollte, war ungeheuerlich. Es weckte neben meinen kindlichen Tränen eine kindliche Wut. Ich glaube, ich habe wild um mich getreten und geschrien, dass Esther kein bisschen anders wäre als ich selber und dass es eine Lüge sei zu behaupten, sie müsse mit ihrer Familie und mit anderen Juden allein leben. Das Ende vom Lied war, dass Vater mich schüttelte und anschrie, mich ohrfeigte und in die Besenkammer sperrte. Lange habe ich allerdings nicht aushalten müssen darin, denn bald öffnete sich die Tür und Mutter nahm mich in die Arme. Sie streichelte mir über den Kopf und trocknete mein Gesicht ab mit ihrer schönen weißen Ladenschürze, die immer ein bisschen nach Seife roch.

Der mütterliche Trost war freilich nicht imstande, die düstere Gesamtlage aufzuhellen. Über das Verbot des Vaters und Möglichkeiten, es zu umgehen, sprach sie nicht. Es schien das Unvermeidliche zu sein, in das auch sie sich zu schicken hatte, ob es ihr zusagte oder nicht.

Kinder und Tiere finden Wege, menschliche Zäune zu unterwandern oder zu überspringen. Ich dachte gar nicht daran, die Forderung meines Vaters zu erfüllen, und hatte nicht die Spur eines schlechten Gewissens dabei. Meine unerschütterliche Gewissheit war, ein Recht auf diese Freundschaft zu haben, und das einzige Problem bestand darin, wie wir es anstellen konnten, dass unsere Spielbegegnungen fortgesetzt werden und zugleich geheim bleiben konnten. Dazu brauchten wir ein System von geschickten Nachrichtentransfers und geheimen Treffpunkten.

Zu meinem Erstaunen zeigte sich Esther bei solchen Manövern auf einmal viel ängstlicher als ich. Sie war erst ganz abweisend und sagte, wir dürften das nicht tun, es sei viel zu gefährlich. Warum denn gefährlich? wollte ich wissen. Es sei immer gefährlich, Gebote zu übertreten, sagte Esther, aber im Augenblick sei es noch viel schlimmer, hätte ihr Vater gesagt. Sie seien nun einmal Juden und dürften sich nichts zuschulden kommen lassen.

Die Verstecke, die heimliches Zusammensein erlaubten, waren nicht schwer zu finden. Kinder entwickeln einen eigenen Sinn dafür, wenn es nötig wird. Unsere beliebteste Oase in der Wüste des feindlichen Lebens war der verlassene Schuppen in einem Werksgelände, in dem zuletzt ein findiger Mensch seine illegale Schweinezucht betrieben hatte. Dort stank es erbärmlich, aber es bestand auch keine Gefahr, entdeckt zu werden.

Doch nicht lange – und die Begegnungen brachen ab. Esther erschien einfach nicht mehr am vereinbarten Ort. Ich wartete in der Baracke, umrundete sie, suchte auf dem Gelände in der Hoffnung, dass Esther mich bloß necken wollte. Aber sie kam nicht. Sie zeigte sich auch in den folgenden Tagen nicht, als ich den Ort zu verschiedenen Tageszeiten aufsuchte. Irgendetwas Schreckliches musste passiert sein, denn auch in unseren geheimen Briefkästen fand ich keine Nachricht von ihr. Esther war wie verschollen. Mir war, als hätte die Erde sich aufgetan und sie verschluckt.

Meine Mutter muss gemerkt haben, wie mich dieser Verlust quälte. Sie versuchte es mit Aufmerksamkeiten, mit Leckereien von irgendwoher. Sicher hoffte sie, ich würde mich vertrauensvoll an sie wenden. Aber ich wollte das nicht. Da fragte sie mich, ob ich traurig sei, weil Esther nicht mehr zu unseren Treffen erscheine. Also wusste sie von unseren heimlichen Verabredungen und hatte nichts gesagt und nichts verraten. Deswegen hätte ich sie umarmen mögen. Aber sie war offenbar auch im Bilde darüber, dass Esther verschwunden war. Und das ließ mich Abstand halten.

‚Ich möchte, dass du es weißt', sagte Mutter. Sie stand am Bügelbrett und führte das heiße Eisen über die Wäsche, dass es dampfte. Und dann erzählte sie, wobei sie mich nicht anschaute, sondern auf die Tücher starrte, die sie mit dem Eisen glatt strich. Dass die Hirschbergers Juden seien, sagte sie, das sei mir ja bekannt. Nun sollten sie fort von hier, die Hirschbergers und andere, das sei so beschlossen und darum nicht zu ändern. In ein anderes Land, damit Juden mit Juden und Deutsche mit Deutschen zusammenleben könnten in Zukunft. Manche seien auch längst weggegangen. Nach Amerika oder nach Palästina, wo die Juden ihre alte Heimat hätten. Andere würden gedrängt zu gehen. Wahrscheinlich wäre es gut für sie zu tun, was die Obrigkeit von ihnen verlange, sie würden gewiss ebenso ordentliche Verhältnisse antreffen in ihrer neuen Heimat wie bei uns. Sich Sorgen um ihr Schicksal zu machen, sei deshalb nicht nötig. Man müsse vertrauen darauf, dass es gerecht und menschlich zugehe in der Welt. Aber nun gebe es auch Juden, die unbedingt bleiben wollten. Solange sie nicht gezwungen würden, die Stadt und das Land zu verlassen, wollten sie aushalten in ihren Wohnungen und Häusern. Das sei auch bei Dr. Hirschberger so. Er sei ein bekannter und geschätzter Arzt und ein mutiger Mensch. Aber er habe nicht sorgfältig genug darauf geachtet, wie mutig und stark seine Frau sein könne. Denn die sei wohl sehr in Angst gewesen und schließlich ganz verzweifelt und habe ihrem Leben ein Ende gemacht.

Der Gedanke, das Leben aus eigenen Stücken zu beenden, war mir nicht fremd. Ich hatte schon manchmal gespielt damit, wenn ich mich ungerecht behandelt fühlte oder unter der Vorstellung litt, von niemandem gemocht zu werden. Aber hier war aus dem Spiel der Gedanken ein tödlicher Ernst geworden. Jetzt war Esthers Mutter tot und sie würde nie wieder aufstehen und mit Esther reden und mit ihr im Garten hinter den hohen dunklen Tannen sitzen oder auf eine Reise gehen mit ihr, und sei es in eine neue, ferne Heimat. Ich empfand, wie mich selber der Schmerz würgte, dabei war mir klar, dass ich nicht einmal ahnen konnte, was in Esther zerbrechen und sterben musste.

‚Wo ist Esther?‘, fragte ich unter Tränen.

‚Ich weiß nicht‘, sagte die Mutter. ‚Wahrscheinlich ist sie im Haus ihrer Eltern, aber sie kommt nicht heraus.‘

Mit meinen zehn Jahren verstand ich die Welt nicht, wie sie geworden war. Wie hätte ich es auch verstehen sollen!

Meine Wahrnehmungen waren bruchstückhaft und in jedem Fall subjektiv. Der Glaube, dass alles Unbegreifliche nur ein vorübergehender Spuk sei, hielt mich fest, und ich hielt an diesem Glauben fest. Das Böse durfte sich doch höchstens in Lücken des Guten einnisten, nicht auf der ganzen Linie. Das war unmöglich und unvorstellbar.

Mir konnte trotzdem nicht entgehen, dass das Haus der Hirschbergers weiter heimgesucht wurde. Uniformierte Männer traten auf, gingen in das Haus, mit Gewehren in den Händen.

Eines Nachts, das Datum weiß ich nicht mehr, aber es war Winter, nicht lange vor Weihnachten, eines Nachts erwachte ich vom Lärm und von Stimmen in der Etage unter uns. Ich richtete mich auf in meinem Bett und horchte. Ich meinte, die Stimme meines Vaters zu erkennen, die erregt und drohend klang. Die Angst kroch unter meine Bettdecke und in meinen Leib, und ich begann zu zittern. Was sollte ich tun? Im Bett bleiben und abwarten war unerträglich. Also erhob ich mich, schlich auf den Flur, zur Treppe, bis zu dem Absatz auf der Hälfte. Dort konnte ich im Dunkeln hocken und durch die geöffnete Tür ins beleuchtete Hinterzimmer des Ladens spähen, in dem sich Menschen aufhielten, die aufgeregt miteinander sprachen.

Als ersten erkannte ich meinen Vater. Er ging unentwegt auf und ab und fuchtelte mit den Armen und wiederholte: ‚Das geht nicht! Ganz unmöglich! Es würde uns alle ans Messer liefern!‘ Dann hörte ich die Stimme meiner Mutter, ohne sie selber sehen zu können, sie musste sich hinter der

Tür aufhalten. Die Stimme der Mutter war ruhig, ihre Worte waren an meinen Vater gerichtet. Sie sprach davon, dass alles nur eine Angelegenheit von kurzer Dauer sei und ziemlich ungefährlich, wenn man Vorsicht walten lasse. Er, der Vater, könne ja tun, als habe er gar nichts gewusst. Sie werde das Ganze auf ihre Kappe nehmen.

Ich war es nicht gewohnt, dass meine Eltern stritten. Sie empfanden es beide als würdelos und hatten anscheinend auch niemals Mühe, Streit untereinander zu vermeiden. Aber jetzt herrschte ein heftiger Streit, und Vaters Zorn war sogar die Treppe hinauf deutlich zu spüren. Schließlich schlug die Tür zum Laden, es wurde still. Vater musste das Hinterzimmer verlassen haben. Ich wollte bereits von meinem Horchposten aufstehen und leise die Stufen hinauf in die Wohnung steigen, als ich noch einmal Mutters Stimme hörte, ruhig und gefasst wie zuvor: ‚Kommen Sie, ich zeige Ihnen den Platz, an den ich gedacht habe.' Mit diesen Worten trat sie über die Schwelle des Hinterzimmers, eine Petroleumleuchte in der Hand, und schritt über den Flur, der hinaus auf den Hinterhof und zu den Lagerschuppen führte. Hinter ihr folgte der jüdische Arzt Dr. Hirschberger, der meine verängstigte Freundin Esther an der Hand hielt.

Der Unterschlupf war der Kellerraum unter einer Baracke im Hof. Restbestand einer früheren Bebauung aus Stein, die irgendwann abgerissen und durch den einfachen Schuppen ersetzt worden war. Vom Boden der Baracke gelangte man durch eine Falltür über eine Stiege ins Untergeschoss, das einmal zur Lagerung von Lebensmitteln, Konserven und Wein gedient hatte. Der größere Raum war grob verputzt und trocken, ein kleinerer, der angrenzte, war sogar mit Tapete versehen und enthielt ein altes Waschbecken. Fließendes Wasser gab es nicht, auch keinen Ofen.

Dass in diesem fensterlosen Loch Menschen leben sollten, war im Grunde unvorstellbar. Doch es war im Fall der Hirschbergers zugleich eine Chance, unentdeckt zu bleiben. Wir befanden uns im Winter 1941, Wochen vor Weihnachten, wie ich mich erinnere, und mir wurde später erst klar, dass es Ende November gewesen sein muss. Die erste Deportation von Juden aus der Stadt nach dem Osten war angesetzt und sollte zum 1. Dezember durchgeführt werden. Dr. Hirschberger musste davon betroffen gewesen sein, ob zusammen mit seiner Tochter oder ohne sie, habe ich nie erfahren. Ich vermute, dass er zunächst allein verschickt werden sollte und dass dieser Umstand ihn dazu brachte, mit Esther unterzutauchen. Wie die Kontakte zwischen ihm und Mutter zustande gekommen waren, weiß ich nicht. Jedenfalls standen er und Esther in jener Nacht plötzlich im Hinterzimmer unseres Ladens, und Mutter war im Bilde und Vater wie vor den Kopf geschlagen. Er hatte sich aber in den folgenden Tagen gefasst und das Versteck für die beiden zugelassen, auch wenn ihn die ganze Sache viel stärker beunruhigte als meine Mutter.

Für mich war die Welt wieder heller geworden. Esther war aufgetaucht, lebte und ließ sich berühren und konnte nicht anders, als in meiner Nähe zu bleiben. Ich erinnere mich an das zwiespältige Gefühl, das mich erfüllte und in dem der Genuss das Mitleiden überwog. Dieses Gefühl, Esther in ihrer Gefangenschaft für mich sicher zu haben.

Mutter hatte mir Vorsichtsmaßregeln auferlegt, wenn ich die Hirschbergers in ihrem Schlupfwinkel aufsuchte. Der Hinterhof war von außen und von angrenzenden Grundstücken kaum einsehbar, trotzdem sollte ich ihn niemals überqueren, wenn ich nicht sicher war, vollkommen unbeobachtet zu sein. In dieser Zeit, hatte Mutter erklärt, könnten auch Wände und Mauern durchsichtig werden wie Glas und aus toten Steinen neugierige Augen wachsen. Ich musste, wenn ich die Barackentür hinter mir zugezogen hatte, immer ein paar Minuten warten, um festzustellen, ob mir jemand folgte. Zu diesem Zweck hatten wir einiges Zeug, Töpfe, Gartengerät, auch Wäschestücke in der Baracke untergebracht, mit denen ich im Fall einer Überraschung herumhantieren und meine Anwesenheit an dieser Stelle plausibel machen konnte. Über die Falltür, deren Griff ins Holz eingelassen war, hatten wir das Stück eines Linoleumbodens gebreitet und darauf einen alten Waschzuber gesetzt. Wenn ich sicher war, dass mir niemand folgte, schob ich den Zuber beiseite, deckte die Linoleumfläche ab, hob die Falltür und kletterte in den Keller.

Die Einrichtung in dem engen Versteck war karg, aber Dr. Hirschberger sagte, sie befänden sich in Kur und bewohnten ein Hotel erster Klasse. Vor allem das Dienstpersonal sei nicht genug zu loben. Er bemühte sich nach Kräften, Herzlichkeit auszustrahlen und sogar Humor, über den er wohl nie im Übermaß verfügt hatte. Aber ich meinte auch, beobachten zu können, wie er litt. Manchmal zog er in meiner Gegenwart seine Tochter ganz eng an sich, drückte und streichelte sie und flüsterte ihr ins Ohr und war den Tränen nah. Oder er saß stumm in der Ecke, während Esther und ich spielten und sah stumpf vor sich hin auf den Boden.

Auch Esther hatte sich verwandelt. Sie lachte nicht mehr mit der hellen Mädchenstimme, die alle Welt um sich her einlud mitzulachen. Ich war schon froh, wenn sie einmal lächelte. Sie schien unentwegt zu frieren in dem lichtlosen Kellerraum. Das rührte nicht allein von den mäßigen Temperaturen her, die wir mit Hilfe eines elektrischen Ofens erzeugten. Eine andere Kälte war ihr ins Herz gekrochen. Aber es war ihr lieb, wenn ich kam, und wir erneuerten und bekräftigten unsere Freundschaft hundertmal und hingen aneinander.

Für die Vorratsbeschaffung und die Mahlzeitenlieferung war Mutter zuständig. Als Bettstellen hatte sie einfach Matratzen auf Holzroste gelegt und daneben ein Regal aufgestellt, das sie mit Lebensmitteln füllte. Abends gab es in der Regel ein warmes Essen, das sicher nicht den strengen Regeln einer koscheren Küche entsprach, den Hirschbergers aber immer mundete. Alle Gaben wurden stets von Mutter gebracht, Vater zeigte sich nie.

Später am Abend wurden die Hirschbergers mit großer Vorsicht über den Hof ins Haupthaus gebracht. Das gelang nicht jeden Tag, aber häufig. Sie konnten dann die Toilette benutzen und ihren eigenen Toilettenkübel aus dem Keller leeren, sich frisch machen, auch Radio hören. Vater wusste es einzurichten, bei solchen – nie lange dauernden – Besuchen abwesend zu sein.

An Weihnachten erinnere ich mich wie an gestern. Heiligabend 1941. Bei der Feier in unserer Familie wurde auf Tradition geachtet, sie hatte ihre feste Ordnung. Das Zimmer mit dem Lichterbaum wurde festlich geschmückt, dann besuchte man den Gottesdienst in der Kirche. Dort herrschte feierliches Halbdunkel, nur erleuchtet von Kerzen. Und der Duft von Tannengrün und von Harz umgab uns. Die Weihnachtslieder wurden laut gesungen, als sollten sie den Frieden hinausrufen in die friedlose Welt. Ich sah, dass Mutter weinte. Ich sah, dass Vater ihre kleine Hand nahm und sie zwischen seine großen Arbeitshände bettete. Die Orgel schien anders zu klingen als gewöhnlich, sanfter und klagender, obwohl Weihnachten ein Freudenfest sein sollte.

Wichtig war mir der Besuch bei Esther und ihrem Vater. Die Weihnachtsgeschichte hatte ich in der Kirche gehört, als sei es das erste Mal. Diese Geschichte von Menschen, die keinen Raum haben zu übernachten und zu überleben. Die schließlich in einem Stall oder in einem Kellerloch unterkriechen, heimatlos und doch geborgen. Und die eine Geburt erleben, ein Licht in der Finsternis, neues Leben. Es waren jüdische Menschen in der Weihnachtsgeschichte, und es waren jüdische Menschen in unserem Kellerversteck in der Heiligen Nacht.

Zuhause konnte ich es kaum erwarten, die Hirschbergers aufzusuchen mit meinen Geschenken. Ich schwankte in der Einschätzung, mehr einer der Hirten vom Feld oder einer der Heiligen Drei Könige zu sein, neigte aber wohl zur Seite der Könige, die reich und weise waren. Für Esther hatte ich eine Stoffpuppe genäht, deren Proportionen sicher nicht den idealen Maßen entsprachen. Aber die Puppe war auch nicht die Hauptsache. Sie stellte bloß den figürlichen Ständer dar für die bunten Kleider, Schürzen und Schuhe, die ich in mühsamer Kleinarbeit und auch mit Hilfe der Mutter angefertigt hatte. Dirndl waren dabei mit spitzenbesetztem Ausschnitt, Abendkleider, Blusen mit Rüschen und Hausfrauenkleider für den Alltag.

An Dr. Hirschberger hatte ich auch gedacht. Ich hatte im Bücherstand des Weihnachtsmarktes ein schwarz gebundenes Bändchen entdeckt, das die Psalmen in hebräischer Sprache enthielt. Es war billig, weil kein Kaufinteresse zu erwarten war, so dass ich die geforderten paar Groschen von meinem Taschengeld bezahlen konnte. Für Dr. Hirschberger allerdings war die Sammlung eine Kostbarkeit. Er nahm das Buch entgegen wie ein Priester den Kelch, blätterte und las, indem er Kopf und Oberkörper rhythmisch bewegte. Dann klappte er es zu, strich mit der Hand über den Einband und führte ihn an die Lippen. Er öffnete das Buch noch einmal, schlug Seiten am Anfang auf und am Schluss und sagte: ‚Die Psalmen, mein Gott, die Psalmen in Hebräisch.

Und die Proverbien dazu – und das Buch Daniel. Das ist ein Schatz, Elisabeth, du hast mich reich gemacht, mehr als irdische Schätze einen Menschen reich machen können.' Ich war glücklich und verlegen, weil ich nicht geahnt hatte, was ich auslösen würde bei diesem Mann, der nichts behalten hatte von seinem Besitz. Er fragte mich ganz leise, ob er mich in den Arm nehmen und einmal fest drücken und mir vielleicht sogar einen Kuss auf die Stirn geben dürfte, und ich wurde noch verlegener. Aber ich ließ es geschehen. Und fand es wunderbar, als er es anschließend mit Esther genauso machte.

In dieser Nacht holte Mutter die Versteckten in unser Weihnachtszimmer. Die Kerzen brannten, der Tisch war festlich gedeckt. Vater war auch da, das erste und einzige Mal, dass ich ihn mit den Hirschbergers in einem Raum und an einem Tisch erlebt habe. Er las, wie immer am Heiligen Abend, die Geschichte von der Christgeburt. Diese Geschichte der Verbindung und der Trennung zwischen Christen und Juden. Dr. Hirschberger hörte zu, vor sich auf die Hände blickend, die er gefaltet in seinem Schoß hielt. Und als Vater mit seiner Lesung geendet hatte, war deutlich das *Amen* des Juden zu vernehmen. Es war das einzige Wort, das er an diesem Abend und in unserem Weihnachtszimmer sprach. Vater war nicht redseliger. Wir schwiegen uns an, waren alle betreten und hilflos. Später, wenn ich mich an die Atmosphäre dieses Heiligen Abends erinnerte, war es mir, als hätte sich um unseren Tisch die ganze Geschichte zwischen Christen und Juden wie in einer einzigen Szene verdichtet: eine Geschichte, in der nicht zusammenfindet, was doch so nahe verwandt ist.

Im Januar sah ich auf dem Rückweg von der Schule Möbelstücke vor Hirschbergers Haus stehen: einen Schrank, einen

Polstersessel und dergleichen. Ein paar Männer trugen weitere Gegenstände aus dem Haus und stellten sie auf der Straße ab. Sie wurden angewiesen von einem Mann in Uniform, der sich als Herr im Hause aufspielte und dort offenbar einziehen wollte. Von Mutter erfuhr ich nachher, er gehöre zur SS. Ich sah diesen jungen Mann mit seinem arroganten Gehabe und beschloss auf der Stelle, ihn zu hassen. Was er von der Einrichtung des Hauses nicht brauchen konnte oder wollte, ließ er einfach auf die Straße befördern und abtransportieren. Mich durchfuhr der Gedanke, etwas Schönes für Dr. Hirschberger oder Esther retten zu können. Was jedoch auf der Straße stand, war groß und schwer, so dass ich es nicht tragen konnte. Außerdem war es natürlich nicht erlaubt, etwas mitzunehmen, selbst wenn es für den jetzigen Hausherrn ohne Bedeutung war.

Ich schlenderte scheinbar absichtslos herum, beobachtete aber die Tätigkeiten der Transportarbeiter und entdeckte, wie sie beiläufig auf dem Polstersessel ein Bild absetzten, das von einem dunklen Holzrahmen gefasst war. Das Bild schien mir geeignet für meine Pläne. Ich musste nur die Gelegenheit abwarten, dass alle im Haus verschwunden waren. Musste das Bild ergreifen und rasch um das nächste Haus flüchten, bevor ich gesehen werden konnte. Den Verlust des Bildes würde niemand bemerken, weil niemand ein Interesse an ihm hatte, da war ich mir sicher.

Die Sache war noch leichter zu erledigen als gedacht, und ich konnte, das Bild unter dem Arm, im Triumph nach Hause zurückkehren, weil ich für Dr. Hirschberger und Esther ein Stück ihres vergangenen Lebens gerettet hatte. Als ich die Stiege zum Keller hinunterkletterte, musste ich achtgeben, das Bild nicht zu beschädigen. Ich stieß es trotzdem so unglücklich an eine Mauerkante, dass ein Stück des Rahmens ausbrach. Dr. Hirschberger tröstete mich und versicherte, der Schaden sei völlig belanglos, und ich hätte dem Rachen der Zerstörung etwas entrissen, das ihm sehr lieb sei. Auch Esther erkannte das Bild sofort wieder und freute sich daran. Dr. Hirschberger stellte es an die Wand und betrachtete es lange. ‚Ja', sagte er, ‚Exil und Erlösung. Das passt jetzt zu unserer Lage hier unten.'

Das Bild gewann in der folgenden Zeit noch mehr an Bedeutung. Zuerst hatte ich geglaubt, es sei überhaupt das Bedürfnis nach Bildern und Farben gewesen im kahlen Kellerversteck. Aber mein Angebot, weitere Bilder herbeizuschaffen und die verputzten Wände damit zu bestücken, wurde freundlich, aber entschieden abgelehnt, übrigens auch von Esther. Es ging um dieses besondere Bild, nicht um irgendeines. Esther traf ich mehrmals an, wie sie auf ihrer Bettmatratze saß, den Rücken an die Wand gelehnt, mit dem Bild auf ihren Knien. Ich bin überzeugt, dass ihr Vater ihr Geschichten zu diesem Bild erzählte, die sie tief bewegt haben müssen.

Von Tag zu Tag verstärkte sich mein Eindruck, dass für beide das Bild eine symbolische Bedeutung gewonnen hatte, in der sie ihre Traurigkeit und ihre Hoffnung spiegeln und sich mitteilen konnten. Der Arzt las viel in dem hebräischen Büchlein, das ich ihm besorgt hatte, und meditierte über seinen Worten. Esther war bemüht, tapfer zu sein, aber die Gefangenschaft quälte sie und zehrte an ihren Kräften. Sie sehnte sich nach Sonne und nach Bewegung im Freien, nach Vogelstimmen und Geräuschen. Ihre Wangen wurden hohl und ihre Augen tief. Ich musste einsehen, dass meine Versuche, sie aufzumuntern, immer seltener glückten.

Im April 1942 kam uns die Gestapo ins Haus. Durchsuchungsbefehl. Mein Vater verlangte Auskunft darüber, was gesucht werde. Er erhielt zur Antwort, es gebe Verräter in der Stadt, die gut Freund mit Juden wären und manchmal sogar welche versteckten. Als Vater diesen Verdacht energisch von sich wies, winkten die Männer ab und kämmten das Haus durch, vom Keller bis zum Speicher. Sie nahmen auch den Hinterhof in Augenschein und öffneten die Barackentür. Ich sah es und hielt den Atem an und betete, der liebe Gott möge den beiden unter dem Bretterboden die Einsicht schenken, dass sie sich in diesem Augenblick vollkommen still verhalten müssten. Sie taten es auch. Die Männer knallten die Tür des Schuppens zu, verließen grußlos Hof und Haus und zeigten an, dass ihr Misstrauen nicht verflogen war.

Unser brennender Wunsch war allerdings, die Gefahr sei jetzt überstanden. Das Versteck schien gut gewählt. Wir vermieden es, vor Einbruch der Dunkelheit zu den Versteckten hinunterzusteigen, obwohl mir so viel Disziplin schwer fiel. Wir erzählten den beiden, was vorgefallen war. Dr. Hirschberger schwieg und machte eine bedenkliche Miene. Esther saß stumm mit dem Bild da und schien gar nicht aufzunehmen, was geredet wurde. Zur Vorsicht vereinbarten wir ein Klopfzeichen. Wenn jemand von uns die Baracke betrat, sollte er dreimal mit dem Fußabsatz auf den Bretterboden stampfen. In diesem Fall war alles in Ordnung. Blieb dieses Klopfzeichen nach dem unüberhörbaren Knarren der Schuppentür aus, drohten Fremdbesuch und Gefahr. Dr. Hirschberger nickte, dass er einverstanden war und lächelte: ‚Auch das Leben in Gefangenschaft braucht Regeln. Aber kein Exil ist ewig. Das ist eine Erfahrung aus unserer langen Geschichte. Kein Exil ist ewig. Es gibt auch immer wieder einen neuen Exodus ins Land der Freiheit.‘

Wenige Tage später schlich ich am frühen Nachmittag über den Hinterhof, vergewisserte mich, allein und unbeobachtet zu sein und schlüpfte in die Baracke. Es war noch hell, aber ich achtete nicht darauf. Mit dem Schuhabsatz klopfte ich das verabredete Zeichen. Ich wartete ein paar Minuten, ehe ich daran ging, den Waschzuber beiseite zu räumen und die Abdeckung über der Falltür zu entfernen.

Da wurde hinter mir mit einem Schlag die Barackentür aufgerissen, und im hellen Licht des Nachmittags sah ich eine uniformierte Gestalt. Ein junger Kerl noch, Anfang zwanzig vielleicht. Ich war furchtbar erschrocken und hatte das Gefühl, das Blut stocke in meinen Adern. Aber in meinem Kopf hämmerte der Befehl, unter keinen Umständen schwach zu werden und meine Angst zu zeigen. Ich zwang mich, ein paar alte Töpfe zu bewegen und ineinander zu passen, als sei ich mit der Absicht da, sie fortzutragen. Die Uniform fragte mich, wer ich sei und was ich hier mache. Ich blickte auf und entdeckte erst jetzt, dass Mutter hinter dem Mann stand mit einem Gesicht, in dem ich nichts lesen konnte außer Entsetzen. Ich räusperte mich und erklärte, dass ich Elisabeth Schneider sei und Töpfe holen wolle, die im Laden gebraucht würden. Ich vermute nicht, dass es glaubwürdig klang. Auch überzeugend zu lügen, ist eine Sache des Trainings. Ich hatte geringe Fertigkeiten darin, erst recht in so einer Situation.

Als Mutter zu reden anfing, um den Uniformierten abzulenken, hörte ich Dr. Hirschberger husten. Mein Klopfzeichen hatte ja mitgeteilt, dass alles in Ordnung und nichts zu befürchten sei. Dass die Dinge sich inzwischen dramatisch verändert hatten, konnte er nicht wissen. Der Uniformierte trat mit aufreizender Gemächlichkeit über die Schwelle und schritt auf mich zu. Er griff mit der Hand unter mein Kinn und zwang mein Gesicht zu seinem empor. Ich erkannte, dass es der SS-Mann war, der in Hirschbergers Haus aus und ein ging. Ich sah in dieses Gesicht, das böse lächelte, und zitterte vor Angst und Verzweiflung. ‚Sieh mal an', sagte der Mann, ‚du sammelst alte Töpfe. Aber ich habe den Verdacht, dass ihr noch anderes Gerümpel sammelt.'

Damit zog er seine Pistole aus der Halterung und verlangte: ‚Los! Mach den Verschlag auf, in dem ihr das Pack versteckt habt!'

Ich warf Mutter einen Blick zu, der um Hilfe flehte, Mutter nickte mir zu, dem Befehl zu gehorchen. Ich rückte also den Zuber ab und rollte das Linoleum zusammen. ‚Aha', ließ sich die Uniform vernehmen, ‚so habt ihr das eingerichtet. Nicht schlecht, Respekt. Was dreckige Charaktere doch für schlaue Köpfchen haben können!' In diesem Augenblick wurde mir bewusst, dass wir verraten worden waren. Irgendjemand musste dahintergekommen sein, dass wir Juden versteckten und hatte uns angezeigt.

Der Mann hielt die Waffe auf mich gerichtet und verlangte, die Falltür aufzuheben. Meine Mutter solle oben bleiben, befahl er, aber mich könne er brauchen. Ich solle vor ihm die Leiter absteigen und den Leuten unten mitteilen, dass sie entdeckt seien. Ich solle am Fuß der Leiter bleiben, bis er nachkomme, und er werde, falls da unten von den Juden eine Gemeinheit angefangen werde, umgehend auf mich schießen.

Dr. Hirschberger und Esther hatten, als ich die Stiege herabkam und vor ihnen stand, längst alles begriffen. Sie saßen eng beieinander auf der Bettmatratze und hielten sich an den Händen. Keiner sagte ein Wort. Sie sahen hinauf zur Ausstiegsluke, in der die Stiefel der Uniform erschienen, sich Sprosse um Sprosse abwärts bewegten, bis der Mann unten angekommen war und sich breitbeinig vor ihnen aufbaute. Die Waffe hielt er noch immer in seiner Rechten. ‚Dr. Hirschberger mit Tochter Esther?', fragte er feindselig. Der Arzt bejahte. ‚Im Lebensniveau ziemlich heruntergekommen, was?', fuhr der Uniformierte fort. ‚Aber man kann noch tiefer fallen, glauben Sie mir!'

Der Arzt sagte, er sei bereit mitzukommen, er bäte nur dringend darum, seine Tochter zu verschonen, sie sei krank und so zerbrechlich, dass sie keinen Transport verkraften könne. Er sprach sehr leise und mehr vor sich hin als der Uniform entgegen, und es klang, als habe er selbst kein Vertrauen in die mögliche Erfüllung seiner Bitte. Die Uniform grinste nur und erklärte, man werde sicher für das zarte Kind einen eigenen Sanitätswagen bereitstellen.

Dann ging auf einmal alles rasend schnell. Esther hatte in einer raschen Bewegung nach dem Bild gegriffen, das neben ihr an der Kellerwand lehnte, wohl um es aufzunehmen und sich äußerlich und innerlich daran festzuhalten. Der SS-Mann, der hinter seiner zynischen Fassade eine siedende Nervosität verbergen musste, verstand die rasche Bewegung des Mädchens als Bedrohung und schoss. Esther bäumte sich auf, fiel rückwärts gegen die Wand, schaute mit staunenden Augen und sank seitwärts in die Arme ihres Vaters. ‚Gott!', schrie er, ‚mein Gott – warum?', und bedeckte das Mädchen mit seinem Körper, als wollte er schützen, was nicht mehr geschützt werden konnte.

Ich stand wie angewurzelt am Fuß der Falltreppe, hätte schreien mögen und konnte es nicht. Der Uniformierte stand vor mir, sein Arm mit der Schusswaffe hing schlaff herunter. Er ging unschlüssig ein paar Schritte hin und her, gab sich einen Ruck und wandte sich zur Stiege, um sich zu entfernen. Als er die Hälfte erklommen hatte, richtete sich Dr. Hirschberger plötzlich auf. Er trug ein Gesicht, das ich überhaupt nicht zu kennen meinte, so hasserfüllt blickte er um sich: ‚Auge um Auge, Blut um Blut!', schrie er, ‚die Rache wird dich einholen, verlass dich drauf, und dieses Bild hier ist mein Zeuge, über dem du mein Kind getötet hast!' Der junge SS-Mann war anscheinend von seinem grauenhaften Mord an einem Kind und von der düsteren Prophetie des verzweifelten Vaters so durcheinander gebracht, dass er schwieg und den Keller fluchtartig verließ.

Meine Mutter stürzte herbei, bettete den Kopf des Mädchens auf ein Kissen und wollte nicht hinnehmen, dass es tot war. Der Arzt wich nicht von der Seite seines Kindes, redete leise zu ihm und war der zärtlichste Vater. Zu weinen vermochte er nicht. Ich begriff, dass es einen Schmerz gibt, in dem es zu leer und zu öde ist für Tränen.

Eliza Levinson atmet tief durch, schmiegt sich an Bettinas Seite und fährt dann leise fort: „Ich kann meine Geschichte von dieser Stelle an kurz fassen.

Am selben Abend noch kehrte der SS-Mann zurück, begleitet von anderen in Uniform. Sie nahmen Hirschberger mit, der keinen Widerstand leistete. Er musste aber in der Zwischenzeit das Wort aus dem Danielbuch auf einen Karton geschrieben und dem Bild beigeben haben. Von der gewaltsamen Räumung seines Hauses her musste ihm der Name des SS-Mannes bekannt sein, den er in verschlüsselter Form festhielt. *Ilana*, der *Eichbaum* im Danielzitat, sollte der sein, dem der Fluch galt, umgehauen zu werden, mit abgetrennten Ästen. Es dürfte außerdem kabbalistischem Geist entsprechen, dem Dr. Hirschberger wohl zuneigte, dass dem Bildmotiv und erst recht dem Bibelwort eine geheime, nahezu magische Kraft zugemutet wurde: Was da aufgeschrieben war und sich auf eine bestimmte Person beziehen sollte, war wie der Abschuss eines Pfeiles, der nach langem Flug sein Ziel erreichen musste."

Eliza holt ihren Blick zurück, der in die Ferne übers Meer gegangen war, weit über die vorgelagerte Insel hinaus, in den Dunststreifen hinüber, der Wasser und Himmel miteinander verschmilzt. Sie sieht Bettina an, als sei sie überrascht, sie an ihrer Seite zu finden, nickt kurz und fährt fort:

„Auch den Rest der Geschichte will ich euch nicht vorenthalten, nachdem ich schon so viel erzählt habe. Dr.

Hirschberger also wurde abgeführt, ohne das Begräbnis seiner Tochter miterleben zu können. Was mit dem Leichnam geschah, wusste keiner zu sagen.

Einen oder zwei Tage später wurden meine Eltern verhaftet und fortgeschafft. Nach mir fragte niemand. Ich war ja noch ein Kind. Mutter kam in ein Lager, anscheinend nicht mit demselben Transport, der Hirschberger Ende April wegbrachte, aber ungefähr gleichzeitig. Vater wurde ebenfalls in ein Straflager versetzt, bald aber wieder entlassen und in einem der berüchtigten Todeskommandos an die Front gehetzt. Beide habe ich nicht wieder gesehen. Vater ist gefallen, Mutter ist verhungert oder zu Tode geschunden worden, ich weiß es nicht.

Das Bild habe ich im Keller nicht mehr gefunden. Mutter hat mir, bevor sie abgeholt wurde, auch nichts darüber gesagt. Wahrscheinlich, weil sie mich nicht belasten wollte mit Wissen, das mir gefährlich werden konnte. Aber ich bin inzwischen sicher: Sie hat das Bild genommen, bevor sie fortgebracht wurde, und hat es der Kirchengemeinde anvertraut."

„Und Pfarrer Bach hat in seinem Vermerk an die Bibelstelle erinnert, die die Rache der menschlichen Zuständigkeit entwindet, um sie in Gottes Hände zu legen", ergänzt Beermann. Eliza hört es an, scheint einen Moment darüber nachzudenken und schüttelt energisch den Kopf: „Wo Menschen verboten wird, Rache zu üben, da erwürgt man alle Gerechtigkeit."

Sie lockert mit kräftigem Griff einen Stein aus der Erde, wiegt ihn in der Hand und schleudert ihn weit hinaus ins Meer. Dann nimmt sie den Faden ihrer Erzählung wieder auf:

„Mit meiner Patentante, bei der ich vorübergehend untergebracht war, siedelte ich nach Kriegsende in die Vereinigten

Staaten über. Unser Haus mit dem Kolonialwarenladen war in einer Bombennacht in Flammen aufgegangen. Ich wollte fort und alles vergessen. Aber wie sich das so verhält: Man schafft mitunter Abstände zu den Orten seines Lebens, viel weniger zu dessen Zeiten. Ich trug weit mehr im Gepäck auf meiner Reise nach Amerika, als ich mir vorstellen konnte.

Später habe ich mich mit deutscher Literatur befasst, um heimzufinden, aber es ist mir nicht geglückt. Die Erlebnisse in meiner Geburtsstadt und im Kellerversteck unserer Hinterhofbaracke hielten mich, als hätten sie mich gebannt. Ich verfiel auf die Idee, Jüdin zu werden, die ich von Hause aus nicht war und auch nie werden konnte. Es war wie der Trieb, einer Verpflichtung nachzukommen, die ich meiner Kindheitsfreundin schuldete und unseren wiederholten Treueschwüren. Ich lernte Hebräisch und heiratete einen jüdischen Mann – Martin Levinson. Meinen deutschen Vornamen Elisabeth amerikanisierte ich zu Eliza. Das war ein harmloser Wandel. Schwieriger und vor allem schmerzlicher wurde die Erfahrung, dass du schon Jüdin sein musst, um Jüdin werden zu können. Sympathien ersetzen nicht das Wesen. Auch die Ehe mit Levinson konnte deshalb nur scheitern. Es hätte ein gemeinsames Leben in verschieden gelebten Räumen werden müssen. Was uns verband, war vor allem die Trauer, auch die Ohnmacht. Ich hatte Esther verloren, dazu Vater und Mutter und die Heimat. Levinsons Familie stammte aus Polen. Sie ist in verschiedenen Vernichtungslagern ausgelöscht worden, er allein überlebte. Aber er überlebte wie ein Verwundeter ohne Heilungschancen. Er lebte für seine Trauer und in seiner Sehnsucht nach Vergeltung. Die Mörder seiner Eltern, seiner Verwandtschaft waren anonym, also unerreichbar für ihn. Darum hängte er sich an meine Geschichte, an den Kindermord eines SS-Mannes, dessen Namen ich nicht kannte und der gleich nach der Verhaftung meiner Eltern aus dem Hause Hirschberger verschwunden war. Aber der Fluch über den Mann war ausgesprochen und musste wirken, und Martin Levinson sog Lebensenergien aus der Vorstellung, das Bild werde eines Tages wieder auftauchen und der Verfluchte bestraft werden. Seine Fixierung darauf ging so weit, dass er eine Tageszeitung meiner Heimatstadt abonnierte und davon auch nach unserer Trennung nicht Abstand nahm. Er wollte keine Nachricht versäumen, die eine Spur gelegt und der Vergeltung Raum gegeben hätte.

Dann hatte er tatsächlich die Spur gefunden und war aufgebrochen, ein Gericht zu vollziehen. Er ist auf diesem Feldzug, für den er nicht gemacht war in seiner lieben, törichten Art, selber zu Tode gekommen.

Und ich bin übrig geblieben zu tun, was ihm nicht gelingen wollte."

* * *

Im Hintergrund preist die Stimme eines Fremdenführers für sein Publikum das Wunderwerk steinzeitlicher Bauleute. Der Tag neigt sich, die Sonne steht tief im Westen. „Das ist also meine Geschichte", sagt Eliza, „meine Geschichte bis kurz vor ihrem Ende."

Sie rückt vom Abgrund weg und erhebt sich: „Es ist Zeit. Leben Sie wohl!"

Auch Bettina steht auf, geht einen Schritt auf Eliza zu, fasst sie unter dem Arm und begleitet sie, als sie hastig fortstrebt, den Fußpfad über das karstige Land hinauf zur Tempelanlage von Hagar Qim bis zum Parkplatz. Beermann geht langsam hinterher und fühlt sich überflüssig und hilflos. Späte Besucher der archäologischen Stätten begegnen ihm, sommerlich gekleidet in bunten Blusen und weißen Shorts, mit erlebnisdurstigen Gesichtern. Er hat keinen Zweifel, dass Eliza Levinson entschlossen ist, Eichbaum zu richten. Wie sie hoch aufgerichtet den Weg emporsteigt, wirkt sie tatsächlich wie eine Verkörperung der Nemesis. Keiner wird sie aufhalten können. Sie ist unterwegs, ihr Gesetz zu erfüllen, das ist wie die Abfolge einer inneren Logik ihres Lebens, und Beermann fragt sich, wer das Recht hätte, sie zu hindern.

Auf dem Parkplatz öffnet sie die Tür ihres Mietwagens. Sie wendet sich rasch um, schließt Bettina in die Arme, die es sich gefallen lässt, als seien sie lange vertraut miteinander. Beermann schaut an den beiden vorbei auf das Portal und die sichelförmige Front von Hagar Qim, den alten Kultort der Großen Mutter, die Leben und Tod umfasst und es nicht duldet, dass ihre Kinder zu Opfern männlicher Gewalt werden. Vor ihm steht Eliza mit ihrer mächtigen Gestalt und dem Umhang, den sie nie abzulegen scheint. „Sie sind dabei, auf Ihr bisheriges Unglück ein weiteres zu häufen", sagt er.

„Nein, kein Unglück mehr, Herr Pfarrer. Was kommt, ist kein Unglück. Es wird eine Befreiung."

„Befreiung durch Töten?"

„Im äußersten Falle ja. Denken Sie an das Bild! Am Ende steht das Fest der Erlösung. Die Tafel ist gedeckt, und die Gerechten sitzen herum, mit Tierköpfen auf ihren Hälsen. Erinnern Sie sich? Die Köpfe gehören Tieren, die auf der Seite des Guten stehen: Der Hirsch, der nach frischem Wasser schreit wie die Seele nach Gott; der Adler, der sich emporschwingt mit neuer Lebenskraft; der Löwe, der mit Macht für das Recht einsteht und für die Sache Judas. Doch da waren auch die anderen Tiere und Tiersymbole gegenüber, die Schlange und der mächtige Fisch, Leviathan, Behemoth … und die stehen für Chaos, Exil und Tod und müssen vernichtet und buchstäblich verzehrt werden. Es gibt diese Vorstellung, dass die Gerechten beim Festmahl der Erlösung das Fleisch der Tiere verzehren, die Urheber und ausführende Organe des Unheils waren. Sie sehen mich an, weil Sie das für grausam und vergeltungssüchtig und jedenfalls für sehr unchristlich halten, nicht wahr? Aber es kann keine Erlösung geben ohne Gericht an den Rechtsbrechern, ohne Tötung der Töter. Alles andere ist Illusion!"

Entschlossen steigt sie in ihren Wagen. „Man sagte mir, der Mörder werde zu dieser Stunde von Sizilien zurückerwartet", konstatiert sie sachlich, startet und erreicht schon die Fahrstraße. „Los!", ruft Bettina. „Wir müssen ihr folgen und versuchen, sie nicht aus den Augen zu verlieren."

Beermann bringt den Kleinwagen auf Touren, wird aber bald gebremst von einem Fuhrwerk, das vor ihnen auf die Straße einbiegt. Es zockelt, beladen mit Gemüse und Früchten, träge voran und hat überhaupt keine Eile. Der Gegenverkehr auf kurvenreicher Strecke gestattet kein Überholmanöver, Eliza ist ihnen entwischt.

Vor Mdina, dessen Zentrum für Autos gesperrt ist, stellen sie den Wagen ab, hasten durch Parkanlagen, die den Ring des Befestigungsgrabens umgeben, stoßen auf einen Polizisten, den sie nach dem Haus des Erich Eichbaum fragen, und ernten lediglich ein Achselzucken. Sie laufen über den Steg zum barocken Eingangstor in die Ordensstadt unter dem Wappen eines Großmeisters der Johanniter hindurch und betreten einen Laden in der Hoffnung, Eichbaums Wohnadresse und den Weg dorthin zu erfahren. Beermann ärgert sich, dass er vergessen hat, diese Auskünfte rechtzeitig einzuholen, jetzt bringen sie eine Verzögerung, die verhängnisvoll ausfallen kann. Mit Mühe machen sie sich der Frau hinter der Ladentheke verständlich. Doch dann endlich tritt sie auf die Straße und zeigt ihnen Richtung und Weg. Sie laufen, bis sie außer Atem sind.

Plötzlich bleibt Bettina stehen, störrisch wie ein Kind und erklärt, sie halte diese Hast für baren Unsinn. Was geschehen solle, das werde geschehen, sie seien nicht die Schutzengel für Eichbaum und nicht die Löwenbändiger für Eliza. Wenn sie eine Art Nemesis sei, dann solle man respektieren, dass sie ihren Weg zu Ende gehen muss. Sehen, was vorgefallen sei, ja, das möchte sie auch wissen. Aber nicht rennen in der Absicht, das Unvermeidliche doch noch zu vermeiden. Beermann gibt ihr Recht, ergreift ihre Hand und geht langsam, aber tief beunruhigt weiter.

Die Angaben der Verkäuferin bringen sie vor das Tor einer Umfassungsmauer, die den Hof eines prächtigen Herrenhauses von der Altstadtstraße trennt. Der Zugang ist offen. Sie gehen hinein und finden sich im schattigen Karree eines Innenhofes wieder, mit einer Treppe zur blumengeschmückten Galerie hinauf und mit einem sprudelnden Brunnen in der Mitte. Es ist still, sie treffen keinen Menschen. Was bedeutet das? An der linken Hofseite führt eine geschnitzte Holztür ins Hausinnere. Auch sie ist unverschlossen, als werde ein Besuch erwartet. Sie treten ein. Die Eingangshalle ist kühl, der Lichteinfall von außen spärlich, darum brennen Leuchter, die an Eisenketten von der Decke hängen. Die Wände sind an der einen Seite mit Wappen, an der anderen Seite mit Hellebarden, Schwertern, Helmen und Harnischen bestückt. Sie durchqueren den Flur und bewegen sich auf Zehenspitzen, um Geräusche zu vermeiden, steigen rechter Hand die geschwungene Treppe hinauf und erreichen das Obergeschoss. Immer noch keine Spur von einem Menschen, nicht von Eichbaum, nicht von Eliza, auch nicht von irgendeinem Bediensteten.

Der Gang im Obergeschoss ist lang gestreckt und auf beiden Seiten von Türen unterteilt, die durch halbrunde Säulen eingefasst und mit farbig bemalten Wappenschilden überkrönt sind. Eine dieser Türen steht weit offen. Sie treten näher und sehen, bevor sie die Schwelle überschreiten, Eliza Levinson aufrecht und regungslos mitten im Raum stehen. In ihrer rechten Hand hält sie eine Pistole, deren Mündung auf den Parkettboden zeigt. Sie bewegen sich auf leisen Sohlen, als könnten sie etwas aufstören, das Stille beansprucht in dem hohen, mit Bücherregalen und Waffensammlungen eingerichteten Raum, halten an neben Eliza und folgen ihrem Blick. Auf dem Teppich ruht ein Mensch in verrenkter Körperhaltung an der Stirn eines wuchtigen Schreibtisches, sein Kopf ist auf die Brust gesunken. Es ist ein alter Mann mit weißen Haaren an den Schläfen. Die Brust ist von einer schweren Wunde aufgerissen, das Blut hat Jacke und Hemd gerötet, Spritzer haben Schreibtisch und Teppich verschmutzt. Ohne Zweifel ist der Mann tot. Im Grunde haben sie nichts anderes erwartet. Es nun aber in unverhüllter Brutalität zu sehen, ist trotzdem entsetzlich. Das Merkwürdigste aber ist, dass der rechte Arm des Toten abgetrennt neben ihm auf dem Boden liegt, ein Revolver klemmt in den verkrampften Fingern.

Bettina steht wie erstarrt auf der Stelle. Dann hören sie Elizas Stimme, die von weither zu kommen scheint und ganz fremd klingt: „Zu spät! – Ich bin zu spät gekommen. Die Henker waren vor mir da. Ich kann nur noch den Vollzug bestätigen."

Sie wendet sich ab und geht langsam zur Tür. Die Schusswaffe in ihrer Hand zeigt immer noch auf den Boden. Bettina folgt ihr, nimmt wieder ihren Arm, begleitet sie auf den Gang.

Beermann blickt sich um und entdeckt seitlich an der Wand einen Säbel, dessen Klinge blutverschmiert ist und der wohl hastig dorthin geworfen wurde. Der Säbel fehlt in einer Halterung neben dem Bord, das weitere Waffen verwahrt.

Jemand muss diesen Säbel genommen und Eichbaum damit getötet haben. Es ist gerade so, als ob der alte Fluch über den Mörder von Esther Hirschberger zu seinem Ziel gekommen wäre: *Haut den Eichbaum um und hackt seine Zweige ab.*

* * *

Auf der Treppe hasten drei Männer vorüber, einer von ihnen in Polizeiuniform. Bettina und Eliza steigen die Stufen abwärts, feierlich beinahe, Eliza mit hoch gerecktem Kopf wie im Augenblick des Triumphs und der Entspannung. Sie hält immer noch die Pistole in der Hand, die sie nicht abgefeuert hat.

Als sie den schattigen Innenhof betreten, plätschert der Brunnen, als herrsche ein Frieden im Haus, der nie gestört wurde, auch nicht in den letzten Stunden. Beermann fragt sich, was jetzt anzufangen sei und wird von der Antwort entbunden, weil ein Mann plötzlich im Rahmen einer Seitenpforte erscheint und zu ihnen herübersieht. Es ist Parler. Er hat beide Hände tief in den Hosentaschen und wirkt wie ein Urlauber, der sich aus Neugier in diesen Winkel der Welt verirrt hat. Beermanns Überraschung ist nicht gespielt: „Parler! Mit Ihnen habe ich nun wirklich nicht gerechnet!"

„Dafür ich umso mehr mit Ihnen!", grinst Parler. „Und mit Frau Levinson."

Bettina beeilt sich zu erklären, dass Eliza Levinson unschuldig sei. Eichbaum müsse von anderen umgebracht worden sein.

Parler nickt: „Ich weiß. Habe auch die hiesige Polizei verständigt. Sie ist bereits oben."

„Haben Sie etwa Eichbaum...?", stößt Bettina hervor und bricht mitten in der Frage ab.

„Nein, nein!", sagt Parler und zieht die Hände aus den

Taschen, um sie abwehrend von sich zu strecken. „Als ich eintraf, war der Mann schon tot und alles vorüber. Aber ich habe den Täter."

„Den Täter?" Beermann ist noch einmal überrascht.

Eliza war an den Brunnen getreten, sie verfolgt das Steigen und Fallen der Fontäne, als berühre sie überhaupt nicht, was sich um sie ereignet. Bettina steht neben ihr, hält immer noch ihren Arm. Parler winkt Beermann mit einer leichten Bewegung seines Kopfes, ihm durch die Seitenpforte zu folgen. Sie betreten einen schmalen Flur, der in einen Raum mit runden Fenstern hoch über dem Boden führt. Der Raum ist kahl und offenbar ungenutzt und dunkel. Parler bedient einen Schalter neben dem Eingang, eine Lampe an der Seitenwand leuchtet auf, an der Wand liegt ein Mensch auf einem Bettrost am Boden. Das weiße Hemd, das er ohne Jacke trägt, ist in Höhe der rechten Schulter und weiter abwärts blutdurchtränkt, der Kopf zur Seite gebettet. Parler ermuntert Beermann mit einer Geste, näher zu treten. Er beugt sich über den Liegenden und erschrickt, weil er ihn kennt. Es ist Antusch. Nicht der Sohn, sondern der Vater. Langsam und wie betäubt richtet Beermann sich auf und sieht Parler fragend an.

„Nein", sagt der Kommissar, „Antusch ist nicht tot. Er schläft. Aber er ist schwer verletzt. Ich habe die Polizei gebeten, Notarzt und Sanitäter herzubestellen. Das geht leider nicht so rasch. Sie müssen von Valetta kommen."

„Wie haben Sie Antusch gefunden?"

Parler klopft eine Zigarette aus dem Päckchen, das er seiner Jackentasche entnommen hat, und zündet sie an mit der Gelassenheit eines Menschen, der sein Tagewerk beendet und beschlossen hat, den Feierabend zu genießen: „Ich habe ihn draußen im Hof getroffen, da war er noch auf den Beinen, aber taumelnd und am Ende seiner Kräfte. Wir kannten uns, weil ich seinem Sohn und über den Sohn ihm selbst auf den Fersen war. Mehrere Pfeile zeigten auf Antusch und auf Malta, und als ich herausbekam, dass Erich Eichbaum ein großer Geschäftemacher auf der Insel und Antusch mit ihm in Verbindung stand, konnte ich mir einiges zusammenreimen. Der smarte Edmund, den wir kürzlich geschnappt haben, erwies sich im Lauf der Verhöre auch hier und da als auskunftsbereit. Kurz und gut: Ich traf auf Malta und hier in Mdina ein, leider zu spät, um in die tödliche Auseinandersetzung eingreifen zu können. Als ich Antusch über den Hof wanken sah, wusste ich, dass schon geschehen war, was ich verhindern wollte."

„Und warum hat Antusch das getan?"

„Aus Not. Jedenfalls aus bedrängender Not. Sie als Pfarrer wissen mehr von der seelischen Not eines Menschen, ich wahrscheinlich mehr von den äußeren Notlagen, in die sich einer hineinmanövrieren kann."

„Erzählen Sie doch bitte!"

Parler inhaliert den Rauch seiner Zigarette und wandert langsam durch den Raum, lehnt sich mit dem Rücken an die Wand unter den hohen Fenstern.

„Gut. Ich traf Antusch im Innenhof, konnte nicht gut übersehen, wie schlimm er verletzt war, und schleppte ihn hierher. Der erste Satz, den er herausbrachte, war: ‚Parler, ich habe Eichbaum getötet.' Mitten im Raum sank er zusammen, ich fand in der Ecke dieses Gestell, auf das ich ihn betten konnte, damit er nicht auf dem kalten Stein liegen musste. Antusch war völlig erschöpft, aber er hielt mich fest, wie ein Ertrinkender seinen Retter, geplagt anscheinend von dem Bedürfnis, sich mitzuteilen. Ich hatte auch nicht vermutet, dass Antusch die Absicht haben könnte, Eichbaum zu töten. Eher befürchtete ich einen umgekehrten Ausgang ihrer Begegnung. Aber es war wohl so, dass Antusch in Mdina und in Eichbaums Haus unangemeldet aufkreuzte und den Alten zur Rede stellte. Er versicherte mir, dass er unbewaffnet gewesen sei, und ich glaube das auch.

Antusch befand sich in Schwierigkeiten. Seine Geschäfte florierten nicht, und Eichbaum hatte ihn praktisch in der Hand. Jedenfalls muss er der Auffassung gewesen sein, er habe seinen Geschäftspartner derart im Schwitzkasten, dass er ihn nach Belieben gängeln und erpressen könnte.

Doch an diesem Punkt scheint der alte Fuchs sich geirrt zu haben. Antusch war böse in der Klemme, aber nicht bereit zu jeder Demütigung. Er machte eine Weile mit, bis er die Grenze erreicht sah. Und diese Grenze war berührt, als Eichbaum nicht nur nach Antusch griff, sondern auch nach Thomas. Er behexte den Jungen mit seinem rassistischen Wahn und mit seinen Geschichtsmythen und bediente sich seiner jugendlichen Begeisterung, in der er bereit war, sich zu bewähren. So konnte Eichbaum also auf dem entlegenen Malta sitzen, über das die Augen der Welt großzügig hinwegsehen. Konnte hier sein schmutziges Handelsimperium aufbauen, nachdem er lange in Paraguay abgetaucht war und hoffen durfte, dass Gras über die Spuren seiner Vergangenheit gewachsen war. Konnte Leute wie Antusch kaufen und schämte sich nicht im Geringsten, einen Jungen wie Thomas für seine Zwecke zu missbrauchen. Thomas wurde sein Kurier und Agent, er informierte Eichbaum über das Auftauchen des Bildes, von dem er im Hause des Kirchengemeinderats Kenntnis bekommen hatte.

Antusch schmeckte die ganze Entwicklung seines Sohnes überhaupt nicht, und er wusste nur zu gut, was dahinter steckte. Er reiste nach Malta, um Eichbaum zur Rede zu stellen. Er wollte geschäftlich aussteigen und seinem Partner verbieten, Kontakte zu seinem Sohn aufrechtzuerhalten. Eichbaum war natürlich nicht bereit dazu, fühlte sich überlegen und lachte Antusch aus. Der drohte mit einer polizeilichen Anzeige und mit der Enthüllung von Geheimnissen, die Eichbaum den Kopf kosten würden.

Das Wortgefecht steigerte sich, bis es auf einmal abbrach und in ein bewaffnetes Gefecht umschlug. Eichbaum erhob sich hinter seinem Schreibtisch, aus dessen Schublade er einen Revolver genommen hatte, woraufhin Antusch zu der Waffensammlung an der Seitenwand stürzte. Sekunden später standen sie einander gegenüber, Eichbaum mit der Schusswaffe, Antusch mit einem Säbel in der Hand. Eichbaum trat mit spöttischem Lächeln hinter seinem Schreibtisch vor und erklärte Antusch, dass er chancenlos sei, bei diesem Waffengang zwischen Mittelalter und Neuzeit. Dann hob er plötzlich den Arm mit dem Revolver und drückte ab. Antusch fühlte den Schlag an der Schulter, stürzte, beflügelt von Wut und Schmerz, nach vorn und hieb mit dem Säbel auf Eichbaum ein, bevor dieser in der Lage war, einen zweiten Schuss abzufeuern."

Erst jetzt fällt Beermann auf, dass Eliza und Bettina neben ihm stehen. Eliza nimmt ihren Umhang und breitet ihn behutsam über Antusch aus.

„Es wäre gut, die Johanniter kämen und versorgten ihn", sagt sie. Dann, an Parler gerichtet: „Bin ich frei – oder werden Sie mich verhaften?"

„Wir sind auf Malta", entgegnet Parler mit einer angedeuteten Verneigung. „Sie sind frei."

Eliza dankt und wendet sich an Beermann: „Das Bild haben Sie in Verwahrung, Herr Pfarrer."

Er bestätigt es und fragt, ob es ihr zugestellt werden solle. Der Kirchengemeinderat lasse sich bestimmt überzeugen, dass es so richtig wäre.

„Ich fürchte nur", setzt er hinzu, „dass das Bild und die Erinnerungen, die damit verbunden sind, Sie immer wieder traurig stimmen werden."

„Ja“, sagt Eliza, „aber haben es nicht alle wichtigen Erinnerungen an sich, dass sie traurig machen?“

SAMSTAG, 6. MAI 2000

Auf der Dachterrasse des Ferienhauses richtet Bettina den Frühstückstisch unter Eukalyptusbäumen. In der nahen Bucht liegen bunt bemalte Boote, einige mit gesetzten Segeln für die Ausfahrt, und die Morgensonne glitzert auf dem Wasser. Jetzt ist Urlaub. Die Brise vom Meer spielt mit den Zweigen und streichelt die Haut. Man wird sich einen Ruheplatz am Strand suchen oder mit der Fähre nach Gozo übersetzen. Odysseus zu Ehren, der dort in einer Höhle über dem Strand mit der Nymphe Kalypso vergnügte Tage verbracht haben soll. Natürlich auch der Landschaft wegen. Gozo ist grün im Unterschied zu Malta, mit reichen Gemüsefeldern und einsamen Stränden.

What a day for a daydream! Beermann duscht und singt seinen Ohrwurm, vernehmlich bis zur Terrasse hinauf. Es klingt nicht schön, aber begeistert.

Plötzlich wird der Gesang von einem lauten Schrei unterbrochen. Bettina stutzt. Es ist still. Sie rennt die Treppe hinunter und reißt die Tür zum Badezimmer auf. Beermann liegt verkrümmt in der Duschwannenecke. Er wimmert kläglich. Bettina stellt die Dusche ab und hilft dem Gestürzten, der nun in raschem Wechsel stöhnt und schimpft, auf die Beine.

„Ins Bett!“, verlangt er. „Bloß hinlegen – au Backe! – ins Bett!“ Er wird unter Aufbietung all ihrer Kräfte ins Schlafzimmer gebracht. Nun liegt er auf dem Rücken und verzieht das Gesicht.

„Man kann so oder so zu Fall kommen“, lacht Bettina.

„Allerdings! Und weißt du eigentlich, dass die meisten Unfälle in der Wohnung passieren? Durch eigenes Verschulden oder durch Nachlässigkeiten in der Familie.“

„Willst du jetzt mir in die Schuhe schieben, dass du dich nicht auf den Beinen halten kannst?“

„Kein Ehemann kann auf den Beinen bleiben“, schmunzelt Beermann, „wenn seine Frau es darauf anlegt! Ich bin verloren, wenn du nicht aufhörst, in allen Duschwannen der Welt deinen verfluchten Seifenschaum zu hinterlassen.“